영적 전쟁
이렇게 하라

The Beginner's Guide to Spiritual Warfare
copyrightⓒ 2000, Neil T. Anderson and Timothy M. Warner
All right reserved.
Published by Regal Books from Gospel Light
Ventura, California, U.S.A
Korean Translation Copyrightⓒ 2009 by Shekinah publications.

이 책의 한국어판 저작권은 쉐키나 출판사에 있습니다.
저작권법에 의해 한국에서 보호받는 저작물이므로 무단전재와 무단복제를 금합니다.

영적 전쟁 이렇게 하라

지은이 닐 T. 앤더슨 & 티모시 M. 워너
펴낸이 김혜자
옮긴이 진희경

1판 1쇄 인쇄 2009년 2월 16일 | **1판 1쇄 펴냄** 2009년 2월 18일

등록번호 제16-2825호 | **등록일자** 2002년 10월
발행처 쉐키나 출판사 | **주소** 서울시 강남구 대치3동 982-10
전화 (02) 3452-0442 | **팩스** (02) 3452-4744
www.ydfc.com
www.tofdavid.com

값 10,000원
ISBN 978-89-92358-25-5 03230

※ 잘못된 책은 바꿔 드립니다.

쉐키나 미디어는 영적 부흥과 영혼의 추수를 위해 책, CD, TAPE, 영상물 등의 매체를 통해
하나님 나라가 7대 영역(가정 · 사업 · 정부 · 교육 · 미디어 · 예술 · 도시)으로
확장되는 비전으로 나아가고 있습니다.

영적 전쟁 이렇게 하라

닐 T. 앤더슨 & 티모시 M. 워너

| 차례 |

서문 6

1장
우물쭈물하는 군사 19

2장
영적 전쟁인가 아니면 단순히 케케묵은 문제인가? 51

3장
성경적 세계관으로 바라보기 85

4장
기술 이상의 그 무엇 115

5장
나는 진정 누구인가? 143

6장
내가 섬기는 하나님은 누구신가? 167

7장
내려다보라 181

8장
우물쭈물하는 병사들의 훈련소 199

9장
전쟁을 대비하라 221

주 230

| 서문 |

우리는 이제 21세기에 살고 있다. 여전히 전 세계 대부분의 사람들은 예수님께서 포로된 자들을 자유케 하기 위하여 이 땅에 오셨다는 복된 소식을 듣지 못하고 있다. 지구상의 3분의 1의 나라들에서는 오늘도 심각한 분쟁 속에 있으며, 그 숫자는 증가하고 있다. 그 땅의 교회들은 핍박을 견뎌내고 있는 것이 현실이다. 20세기의 마지막 두 해 동안에는 그 전의 어떤 해보다도 많은 순교의 소식들을 들어야 했다.

미국은 마약과의 전쟁에서 지고 있으며, 인종차별도 여전히 존재한다. 개인적인 갈등 때문에 총기를 들고 싸우는 다툼이 일터와 학교에서 난무하고 있다. 결혼이 깨어지고 가정이 무너지고 있다. 최근의 자료들을 조사하면서,

많은 이들이 걱정과 근심의 시대 속에서 심각한 유행성 우울증을 앓고 있으며, 이것이 전 세계적으로 동일한 현상이라는 것을 발견하게 되었다. 심지어 우리의 교회들도 갈등 속에 있다. 미국 내에서만 한 달에 400여 명의 목회자가 사임한다. 영적 전쟁의 사상자 수가 생각보다 많다는 사실을 인식해야 한다.

반면에, 승리의 소식도 있다. 우리는 역사상 본 적이 없는 부흥의 입구에 서 있다. 오순절 이후로 들어본 적이 없는 교회의 성장을 보고 있다. 20세기의 초입에 5%도 되지 않던 아프리카 크리스천의 수가 21세기에 들어선 지금은 거의 50%에 달하고 있다. 공산주의 아래 500만 명에 불과하던 중국 크리스천은 1억~1억 5,000만 명으로 추산되고 있다. 선교 분석가들은 중국에서 거의 매일 2만 5,000~3만 5,000명가량이 주님께 돌아오고 있다고 말한다. 세계에서 모슬렘 인구가 가장 많은 인도네시아에서는 크리스천의 인구가 너무나 급격하게 증가하고 있어서 정부가 정확한 수를 발표하지 않고 있다.[1]

다가오는 어마어마한 부흥을 기대하게 하는 징조가 있다면 이 나라들을 덮고 있는 기도의 운동이다. 조 알드리히가 목회자들과 함께 시작한 "기도 서밋(Prayer Summits-기도 운동의 지도자들이 세계적인 기도의 방향을 설정하는 회의-역주)"은 각 나라의 기도 운동에 있어서 엄청난 동력을 제공하고 있다. 10년 전만 해도 교단과 교파를 초월해 믿는 지도자들이 4일 동안 어떤 토론도 없이 그저 하나님과 만나는 시간을 갖는 것을 상상도 하지 못했다. 조 알드리히는 그의 책 〈기도서밋〉Prayer Summits에서 이러한 현상에 대해 설명하고 있다.[2]

CCCCampus Crusade for Christ를 설립한 빌 브라이트 총재는 하나님께서 40일간의 금식과 기도를 명하시는 것을 깨닫고는 즉각 순종했다. 그는 하나님께서 주시는 감동에 따라 크리스천 지도자들을 초대해 3일간의 금식기도회를 열었다. 300여 명이 참여할 것을 예상했다. 그러나 1994년 12월 5~7일에 플로리다 주 올랜도에서 100개가 넘는 교단과 사역단체들을 대표하는 600여 명의 크리스천 지도자들이 모였다.

빌 브라이트 총재는 〈다가오는 부흥〉The Coming Revival이라는 책을 통해 이 이야기를 나누면서 기도와 금식을 호소한다. 그는 다가오는 부흥을 준비하기 위해 500만 명의 사람들이 40일 동안 금식하며 기도하는 것을 기대했다. 첫 번째 금식과 기도의 모임을 마친 후에 간증들이 끊임없이 나오는 것을 보면서, 그는 LA에서 2,500명의 사람들과 두 번째 금식과 기도의 집회를 가졌다. 또 세인트 루이스에서는 3,500명이 모여서 기도했다. 이 금식과 기도의 운동은 지금까지 이어져오고 있다.

그와 동시에, 2,500여 개의 라디오와 TV 방송국에서 46억 명의 사람들에게 매일 복음을 선포하고 있다. 나는 에콰도르 퀴토Quito에서 열리는 HCJB(100여 개 이상의 나라에 복음을 전하는 라디오방송국-역주)의 연례 모임에서 말씀을 전할 기회를 얻게 되었다. 나는 오히려 그들의 헌신과 전문성에 깊은 감동을 받았다.

이 지구라는 행성의 구석구석까지 복음을 전파하기 위해 전력을 다하는 것은 HCJB와 함께 한 트랜스월드 라디오TransWorld Radio와 극동방송Far Eastern Broadcasting도 마찬가지였다. 그들은 라디오 전파 방송국을 연계해 전 세계 어디든지 복음을 전하고 있다. 이 시대는 전파가 미치지 않는 곳이 없는 첫 번째 세대이다. "우리 세대에 지상 대명령을 완수할 수 있는 모든 기술력을 갖추었습니다"라고 그들은 말했다.

CBNChristian Broadcasting Network도 해외로 지경을 넓히고 있다. CBN을 설립한 팻 로버슨의 보고에 놀라지 않을 수 없다. 지난 20년 동안 이 사역을 통해 예수님을 영접한 사람이 100만 명이었는데, 지난 1990~1995년 사이에는 그 숫자가 50배가 되었다고 한다. 빌리 그레이엄이 주관한 전도집회를 25억 명의 사람들이 위성을 통해 볼 수 있었던 것이다. 그러나 이것은 인터넷과 위성을 이용하는 무한한 가능성을 아주 조금 맛본 것뿐이다.

대추수가 오고 있는 것의 또 다른 징조는 사역들의 연계와 연합이다. 우리는 모두 다른 차를 운전해 가고 있지만, 하나님 나라라는 같은 나라에서 달리고 있으며, 같은 주유소에서 휘발유를 넣고 있다. 하나님의 몸은 서로 속이고 분열하고 경쟁하는 것에 지겨워졌다. 하나님의 몸이 에베소서 4장 1-6절의 진리에 점점 가까워지고 있다.

"그러므로 주 안에서 갇힌 내가 너희를 권하노니 너희가 부르심을 입은 부름에 합당하게 행하여 모든 겸손과 온유로 하고 오래 참음으로 사랑 가운데서 서로 용납하고 평안의 매는 줄로 성령의 하나 되게 하신 것을 힘써 지키라 몸이 하나이요 성령이 하나이니 이와 같이 너희가 부르심의 한 소망 안에서 부르심을 입었느니라 주도 하나이요 믿음도 하나이요 세례도 하나이요 하나님도 하나이시니 곧 만유의 아버지시라 만유 위에 계시고 만유를 통일하시고 만유 가운데 계시도다."

하나님께서는 마지막 추수를 위해 그의 사람들을 준비하시고, 그의 교회를 하나로 끌어당기고 계신다. 예수님이 대제사장으로서 하신 마지막 기도에서는 아버지와 예수님이 하나이신 것과 같이 우리도 하나가 되게 해달라고 기도하신다(요 17:21). 자유주의에서 말하는 세계교회주의를 위해 기도하신 것이 아니다. 예수님께서는 진실로 거듭나서 믿음으로 사는 크리스천들이 밀물처럼 밀려오는 자유주의와 음란한 문화, 뉴에이지의 위협과 세속적 보편주의의 공격에 대항해 하나로 일어서야 한다는 것을 알고 계셨다.

이 운동을 삼켜버릴 수 있는 존재에 대해 경고해야겠다. 성령으로 하나되는 것은 보편주의universalism와는 전혀 다른 것이다. 바울이 말하고 있다.

"너희는 믿지 않는 자와 멍에를 같이 하지 말라 의와 불법이 어찌 함께 하며 빛과 어두움이 어찌 사귀며 그리스도와 벨리알이 어찌 조화되며 믿는 자와 믿지 않는 자가 어찌 상관하며"(고후 6:14-15).

우리는 성경의 권위에 대해 흔들리지 않는 관점을 가

져야만 한다. 결과를 내기 위해서 과정을 타협해서는 절대 안 된다.

미션 아메리카Mission America의 존재 이유는 미국의 모든 사람들이 주님께 기도하고 복음을 전하도록 하는 것이다. 성령님께서 사역의 동반자로서 미국의 교회들을 이끌어 주시지 않으면 그것은 불가능할 것이다. 80개 이상의 교단과 200여 개의 사역단체들이 이 사명을 이루기 위해 연합하고 있다. 그들은 힘을 모아 "예수님을 송축하라 Celebrate Jesus"라는 사역을 함께 하고 있다.

성령님이 이끄시는 연합으로 나아갈 때 굳이 신학적 믿음이나 따르던 교단을 던져버릴 필요는 없으나, 우리는 "거기는 헬라인과 유대인이나 할례당과 무할례당이나 야인이나 스구디아인이나 종이나 자유인이 분별이 있을 수 없나니 오직 그리스도는 만유시요 만유 안에 계시다"(골 3:11)라는 사실을 믿어야만 한다.

그리스도의 몸 안에 연합하는 데 있어 가장 근본적인 개념은 모든 거듭난 크리스천은 하나님의 자녀라는 사실이다. 또한 연합은 용서와 화해를 요구한다. 개인적인 확신에 대해 타협하지 않고 다른 사람의 관점을 인정해 주는 것도 필수적이다. 서로 다른 교단적 관점을 이해해 주어야 하며 모든 일에 협력하는 자세가 필요하다.

최근에 나는 필리핀 바카로드에서 1500명의 목회자와 선교사들을 위한 컨퍼런스를 진행했다. 컨퍼런스 기간 동안 아래층에는 필리핀의 10대 소년 소녀들이 중보기도로 섬겨 주었다. 그들이 무릎을 꿇고 엎드려 있는 동안에 그들의 지도자들은 위층에서 회개하고 함께 일하기로 결단했다.

내 인생에서 그렇게 낮아졌던 시간은 없었으리라! 지도자들이 아닌 아이들이 기도했다. 합리적인 크리스천 지도자라면 주님께서 기도하신 대로 그리스도의 몸으로서 연합하기를 원할 것이다. 그러나 크리스천 지도자들이 전 세계 부흥에 가장 큰 장애물이 될 수 있다는 사실을 아는가? 교회가 지도자들을 뛰어넘을 수 있겠는가?

만약 당신이 대적의 생각을 추측해 본다면, 땅끝까지 복음을 전하려는 교회를 어떻게 하면 넘어뜨릴 수 있겠는가? 분쟁하는 집은 설 수 없다고 성경은 우리에게 말하고 있다(막 3:25). 대적은 분명히 우리들끼리 분쟁하게 할 것이다. 먼저 그는 우리의 생각 속에서 일할 것이다. 두 마음을 품은 자는 모든 일에 정함이 없다(약 1:8). 바울이 말하기를 "그러나 성령이 밝히 말씀하시기를 후일에 어떤 사람들이 믿음에서 떠나 미혹케 하는 영과 귀신의 가르침을 좇으리라"(딤전4:1)고 했다. 때가 오면 대적은 우리의 가정과 사역을 깨뜨리려 할 것이다. 지금도 그 일이 일어나고 있지 않은가?

대부흥의 또 다른 징조는 "우리의 씨름은 혈과 육에 대한 것이 아니요 정사와 권세와 이 어두움의 세상 주관자들과 하늘에 있는 악의 영들에게 대함이라"(엡 6:12)라는 이 말씀에 대한 깨달음이 깊어지는 것이다. 우리는 어떻게 대적과 맞서야 하는지에 대해서는 동의하지 않을 수 있지만 대적이 존재한다는 사실에는 모두 동의한다. 이것을 알지 못하면, 우리는 아군과 적군을 구별하지 못하는 눈이 멀어버린 군사와 같다.

대적의 영향력을 과소평가해서는 안 된다. 또한 "사탄이 나를 이렇게 만들었어"라고 말하는 태도는 옳지 않다. 우리는 자신의 태도와 행동에 책임을 져야 한다. 사탄은 이미 패배한 적이다. 그러나 그는 또한 이 세상의 임금이며 온 세상은 악한 자에게 처해 있다(요일 5:19). 대적이 이미 믿지 않는 자들의 마음을 혼미케 한 상태에서 어떻게 땅끝까지 주님을 전할 수 있을까?(고후 4:4)

세상이 도덕적으로 타락하고 있는 이 때에 이런 질문

을 할 수 있다.

"왜 주님이 지금 오셔서 이 모든 것을 끝내지 않으실까?"

로드니 킹 재판에 대항해 LA 흑인 폭동이 일어난 후 그 지역의 목회자들의 모임에서 한 아프리카계 미국 목회자가 이 질문에 대해 명확하게 대답했던 기억이 난다.

"오십 년 전에 하나님께서 어둠의 나라를 바라보시고는 저를 바라보셨습니다. 주님께서 그 때에 오셨다면, 영원토록 하나님의 왕국이 닫혀졌겠지요. 주님께서는 그의 약속을 이루시는 일에 게으르지 않으십니다. 그분에게는 하루가 천년 같습니다. 주님께서는 땅끝까지 복음이 전해지는 것을 기다리고 계십니다. 그제서야 끝이 올 것입니다."

우리는 간절히 주님의 다시 오심을 기다린다. 그러나 여전히 우리의 가족과 친구, 이웃과 동료들은 주님을 알지 못하고 있다. 땅끝까지 복음을 전하지도 않고 주님의 다시 오심을 바라는 것은 얼마나 이기적인 행동인가?

우리는 '왜 주님은 뭔가 하지 않으실까?' 하는 질문을 하기도 한다. 그러나 주님이 교회를 위해 무엇을 더 해주시기 바라는가? 그리스도 안에 살고 있는 교회와 존재의 목적을 성취하고 있는 교회가 있다면 말이다. 주님은 사탄을 무찌르셨고, 우리의 죄를 위해 대신 죽으셨으며, 영원한 생명을 주셨다. 성령님을 보내셔서 우리를 도우시며, 그분이 주신 설명서(성경)에는 모든 방법과 이유가 설명되어 있다. 빠져 있는 것이 있다면 우리의 회개와 믿음일 것이다.

그렇다면 우리는 무엇을 기다리는가? 주님이 주시는 새로운 말씀인가? 말씀은 완전하다! 다시 주시는 말씀은 주님을 대면해서 볼 때 주어질 것이다. 더 큰 능력을 원하는가? 오순절에 이미 주어졌다. 바울은 "너희 마음 눈을 밝히사 그의 부르심의 소망이 무엇이며 성도 안에서 그 기업의 영광의 풍성이 무엇이며 그의 힘의 강력으로 역사하심을 따라 믿는 우리에게 베푸신 능력의 지극히 크심이 어떤 것을 너희로 알게 하시기를 구한다"(엡 1:18-19)라고 권면한다.

하나님을 믿는 믿음으로 사는 우리는 매일 세상, 육체, 사탄이라는 3개의 적을 만나게 된다. 이 책에서 우리는 사탄의 일을 알고 그리스도 안에서 우리가 어떠한 승리를 취하게 되는지에 초점을 둘 것이다. 이 책에 등장하는 이야기들은 우리가 사역에서 직접 경험했던 것들이다. 그러나 연관된 사람들을 보호하기 위해 상세한 명칭들은 변형하기도 했다.

이 책을 읽으며 영적 전쟁의 실체를 이해하고, 이미 하나님 안에서 승리했다는 사실을 확신하게 되길 기도한다. 그리고 믿음 안에서 굳게 서는 방법을 배우게 되기를 기도한다.

닐 앤더슨 박사

1장

우물쭈물하는 군사

"근신하라 깨어라 너희 대적 마귀가 우는 사자같이 두루 다니며 삼킬 자를 찾나니 **너희는 믿음을 굳게 하여 저를 대적하라** 이는 세상에 있는 너희 형제들도 동일한 고난을 당하는 줄을 앎이니라"(벧전 5:8-9).

영적 전쟁이라는 영역에 들어서기 원하는가? 진심으로 환영하는 바이다. 우리 모두는 이것에 대해 배워 가는 중이다. 이 전투를 싸우기 위해서는 누구나 배움의 과정을 겪어야만 한다.

나(팀)는 네 명의 형제와 네 명의 자매가 있는 가정에서 자랐다. 나는 아들이었지만, 막내여서 싸우는 것을 좋아하지 않았다. 기회가 없었던 것은 아니었다. 함께 자란 이웃의 다른 남자애들은 늘 치고 박으며 싸우는 것을 좋아했다. 종종 나는 그네들에게 사과를 던져 보긴 했지만, 만나서 싸우기보다는 도망하는 편이었다.

내가 고등학교를 마쳤을 때, 미국은 제2차 세계대전에 동참했다. 졸업한 지 90일도 채 되지 않아서 나는 훈련소에 있어야 했고, 싸우는 법을 배우게 되었다. 나는 육체적으로 호된 환경이야 별 상관없었지만, 군사 기초훈련 중에 싸움에 관련된 것을 무척 싫어했다. 처음에 총을 들고 바라본 과녁에는 황소의 눈알이 그려져 있었다. 얼마 지나지 않아 그 과녁은 사람의 모양으로 바뀌었다. 하지만 사람이라는 존재를 쏘아야 한다는 생각에 나는 항상 주춤거렸다.

훈련을 함께 하는 동료와 일대일로 대결이 있는 날이면 내 손으로 어떤 사람을 죽이고 다치게 하는 법을 배워야만 한다는 사실에 마음이 심하게 위축되곤 했다.

그중에서도 내가 가장 싫어했던 훈련은 총검술이었다. 사나운 야수처럼 괴성을 지르며 M-1 총 끝으로 찍어 누르는 법을 배워야만 했다. 그 이상으로 혐오스러운 상황이 또 있을까? 그렇다. 나는 우물쭈물하는 군사였다.[1]

영적으로 우물쭈물하고 있는 군사

나의 영적인 태도도 마찬가지라는 사실은 그다지 놀라울 것이 없다. 기독교 가정과 학교에서 자라난 나는 영적으로 싸우는 법을 배운 적이 없었다. '작지만 순수한' 영역에 머무르는 것이 안전했다. 사탄이나 대적과 같은 종류와 마주칠 때, 가장 안전한 방법은 그저 무시하는 것이었다. 그러한 것들에 몰입하기보다는, 그런 종류에 대해 관심을 갖지 않으면 아무 일도 없을 것이라고 들었던 것이다.

군대를 마치고 나서, 나는 복음적인 대학에 진학해 종교학을 공부했다. 그 이후 나는 성경을 공부하기 위해 3년간 신학교를 다녔다. 신학교를 졸업한 지 2년이 지난 후, 나는 서부 아프리카의 한 부족마을에서 선교사들을 위해 짐을 나르고 있었다. 얼마 지나지 않아 나는 어떤 신학도, 어떤 성경공부도, 어떤 양육도, 어떤 교수도 내가 서 있는 이 현장의 전투에 필요한 것을 준비시켜 주지 않았다는 것을 깨닫게 되었다.

정확하게 말해서, 나는 선교사가 된 이후로 단 한 번도 전투 현장에 투입되지 않았다는 것을 발견했다. 전투가 점점 치열해지고 어려워지고 있다는 사실을 알고 있을 뿐이었다. 그곳은 또한 어떤 방해도 없이 사탄이 사람들을 조종하고 있는 곳이었다. 그리고 나는 여전히 우물쭈물하고 있는 군사였다.

당시에는 미처 깨닫지 못했지만, 내가 들어선 지역은 제2차 세계대전의 치열한 전투 현장과 멀지 않은 곳이었다. 그곳에 실재하고 있었던 것은 물리적인 군대라기보다는 영적인 군대였다. 연합군의 병사였던 나는 권총과 기관총 소리를 기억하고 있었다. 대포가 터지는 소리도 알고 있었다. 동료들의 부상과 시체를 보아야만 했다.

내가 들어서 있는 땅의 전투의 사상자들과 영적인 상황이 어떠한 것인지 명백하게 알지는 못했지만, 명백한 영적 실체가 있으며 매우 강력하다는 것을 알 수 있었다. 불행하게도, 나는 수년이 지난 뒤 영적 전쟁에 대해 배우고 나서야 비로소 선교 현장이야말로 이러한 전투의 개념을 가져야 한다는 것을 알게 되었다.

나는 에베소서 6장 12절을 깨닫게 된 것이다. 우리의 진정한 싸움은 "혈과 육에 대한 것이 아니요 정사와 권세와 이 어두움의 세상 주관자들과 하늘에 있는 악의 영들에게 대함이라." 나는 그것을 깨달을 뿐만 아니라 그것을 믿었다. 적어도 이 주제에 있어서 내 마음에 있었던 질문들은 해답을 얻었다. 하지만 이 진리에 대해 형식적인 믿음에서 실제적인 믿음으로 변화되기까지는 아직도 갈 길이 남아 있었다.

나는 신학교와 신학대학원을 성공적으로 졸업했다. 나는 크리스천으로서 35년 동안 자라나며 받았던 모든 교육을 통해, 머릿속의 창고에 성경지식으로 가득 채웠다. 그러나 그 지식들로 마음의 중심을 움직이지는 못했다. 매일의 삶을 온전히 살아내기보다는 더 나은 신학을 말하려 했다. 오직 주님만이 전문성과 현장성 사이에 조화를 이룬 분이시다. 우리 인간들은 전문성과 현장성 사이에 벌어진 틈이 점점 깊고 넓어지고 있다.

이 문제가 심각해지면, 우리가 크리스천으로서 필수적으로 배워야 하는 진리들을 놓치게 되고 또는 거짓교사들을 통해 왜곡된 진리들을 얻게 된다. 바로 내가 그러한 문제를 경험했던 사람이었다. 그리스도 안에서 나의 정체성을 온전히 이해하지 못했고, 대적들 앞에서 믿는 자로서의 나의 위치가 어떠한 것인지 깨닫지 못하고 있었다.

균형을 유지하는 법

나는 보통의 크리스천들의 제자도 안에 있는 어떤 연약함이 사탄이 가장 좋아하는 술책이라고 믿는다. 그것은 바로 선과 악을 극단적으로 구분해 내려는 시도이다. 사탄은 하나님이 선하게 창조하신 것을 왜곡해 악을 만들어 낸다. 그래서 선과 악을 반대 방향으로 멀찌감치 밀어버리는 것이다. 이것은 사탄이 모든 것을 사로잡고 주장하려 하고 있다는 생각과 아무것도 주관하지 않고 있다는 두 갈래의 극단적 사고를 야기시킨다. 극단적인 생각들은 언제나 가장 간단하기 때문에, 그렇게 치우치기가 매우 쉽다.

사탄이 이 세상에서 아무 기능을 하지 않는다면, 우리는 그에 대해 아무것도 생각할 필요가 없다. 대적이 우리의 모든 문제들 뒤에 숨어서 조종하고 있다면, 우리는 그것들을 제거하면 된다. 그러나 진리가 이 두 개의 극단 사이 어딘가에 있다면, 우리는 어떤 문제가 사탄적인 것이고, 어떤 문제가 이 실패한 세상에서 오는 결과물인지를 분별해야만 하는 것이다. 그래서 쉽게 단적인 대답을 주는 것보다 훨씬 더 많은 분별과 더 많은 책임이 필요한 것이다.

베드로의 현명한 조언

이 부분에 대해 베드로는 그의 첫 번째 편지에서 우리에게 조언을 하고 있다. 그가 이 편지를 쓸 때는 예수님과 함께 있던 시기보다 더 나이도 들고 지혜로워졌을 것이다. 그는 사연이 많은 인생을 살아 내면서 깊은 것들을 배웠다. 그리고 편지를 통해 독자들에게 그의 지혜를 나눠 주고 있다. 복음의 근본적인 메시지를 나눈 후에, 그는 단순한 지침을 준다.

"그러므로 너희 마음의 허리를 동이고 근신하여"(벧전 1:13).

이것은 우리가 복음서에서 만났던 열정에 불타는 젊은 이의 목소리가 아니다. 이것은 참으로 현자의 목소리이다. 그는 영적 전쟁이 마음속에서 일어난다는 것을 배워 왔던 것이다. 그래서 "마음의 허리를 동이고 근신하라"고 권면하고 있는 것이다. 이 편지의 마지막에서 그는 같은 주제로 돌아온다.

"근신하라 깨어라 너희 대적 마귀가 우는 사자같이 두루 다니며 삼킬 자를 찾나니 너희는 믿음을 굳게 하여 저를 대적하라 이는 세상에 있는 너희 형제들도 동일한 고난을 당하는 줄을 앎이니라"(벧전 5:8-9).

얼마나 많은 성도들이 믿음을 굳게 하여 대적하기보다는 그저 무시해 버리고 마는가. 많은 사람들이 생각하는 것처럼 만약 사탄이 '선한 크리스천'들에게 아무 일도 하지 않는다면 베드로는 이렇게 말했을 것이다. "그렇습니다. 우리에게는 대적이 있습니다. 그러나 걱정하지 마십시오. 당신이 진정한 성도라면 건드리지 않을 것입니다."

나는 베드로가 성령님의 영감 아래서 신중하게 단어를 골랐을 것이라고 확신한다. 그 가운데 그가 사용한 단어는

"근신하고 깨어라"이다. "근신"이라는 말은 "모든 것의 끝"을 대비하는 것에 관련되어서 1장 13절과 4장 7절에도 쓰인다. 사도 바울도 주 예수님의 재림을 준비하면서 "그러므로 우리는 다른 이들과 같이 자지 말고 오직 깨어 근신할지라"(살전 5:6)라고 말한 것을 보면 중요하지 않은 주제일 리가 없다.

사도 바울 또한 베드로가 대적과의 관계에 대해 말한 것과 정확하게 같은 단어를 사용하고 있다. 주님이 언제 다시 오시는지 알지 못해 불시에 허를 찔리는 일이 없기를 바라는 것이 이 말씀의 요점이다. 성도가 휴거되거나, 갑작스런 죽음을 맞이하거나, 사전 예고 없이 주님께서 오실지라도 깨어 준비하고 있어야만 하는 것이다.

나는 생명의 위협을 느끼는 교통사고를 몇 차례 경험했다. 어떤 사고에서도, 단 10초도 주님과의 평화를 경험하지 못했다. 오늘도 나는 주님과의 관계가 바르게 세워져 주님을 만날 준비가 되어 있어야 한다. 특별한 준비의 시간이 없더라도 항상 근신하고 깨어서, 지금이라도 주님을 만날 수 있어야 하는 것이다.

베드로는 이 세상의 '통치자'ruler인 우리의 대적을 향해서도 같은 태도를 취해야 한다고 말하고 있다. "온 세상은 악한 자 안에 처하여서(요일 5:19) 근신하고 깨어 있어야 한다"고 권면하고 있다.

마틴 루터가 쓴 유명한 찬송가의 가사에 보면 그가 이 부분에 대해 바른 관점을 가지고 있었다는 것을 알 수 있다. "이 땅에 마귀 들끓어 우리를 삼키려 하나 겁내지 말고 섰거라 진리로 이기리로다." 대적의 역사에 깨어 있으라는 것은 사탄에게 집중하라는 것이 아니다. 우리는 그리스도에게 집중하고 그분을 믿는 믿음에 굳게 서야 한다. 루터가 그러했던 것처럼 그리스도 안에서 넉넉히 이긴다는 확신이 우리의 삶에 분명히 새겨져야 한다(롬 8:37을 보라). 이것은 우리의 삶과 사역을 파괴하려 하는 대적을 무시해도 된다는 의미가 아닌 것이다.

예수님의 제자로서 초반에 자신이 어떠했는지 기억하는 베드로는 대적의 전술을 알고 있다. 예수님께서 베드로에게 "사탄아 물러가라"(마 16:23)라고 외치셨던 장면을 기억할 것이다. 베드로가 깨닫지 못하는 사이에 사탄이 베드로의 생각 속에 어떠한 것을 넣었는지 확연하게 보여 주는 장면이다. 사탄이 생각을 통해 일하고 있다는 사실을 예수님께서 분명히 깨우쳐 주신다. 베드로의 생각이 아니었다. 그는 근신해 깨어 있지 않았다(예수님께서 당신에게 이처럼 말쓴하신다면 충격이 꽤 클 것이다. 그렇지 않은가?).

베드로는 예수님께서 고난당하실 때 그분을 부인했던 장면도 기억하고 있을 것이다. 베드로는 다락방에서 예수님을 향한 헌신을 가장 강하게 약속했던 제자였다.

"베드로가 대답하여 가로되 다 주를 버릴지라도 나는 언제든지 버리지 않겠나이다 예수께서 가라사대 내가 진실로 네게 이르노니 오늘 밤 닭 울기 전에 네가 세 번 나를 부인하리라 베드로가 가로되 내가 주와 함께 죽을지언정 주를 부인하지 않겠나이다 하고 모든 제자도 이와 같이 말하니라"(마 26:33-35).

베드로는 스스로 교만해졌고, 잠시 후 어린 여종 앞에서 주님을 세 번이나 부인했던 것이다. 근신해 깨어 있지 못했다. 그는 단순히 부인한 것뿐만 아니라 "저가 저주하며 맹세하여 가로되 내가 그 사람을 알지 못하노라"(마 26:74)라고 했다. 베드로에게 단지 예수님은 "그 사람"일 뿐이었다.

베드로는 우리에게 자신의 실패를 비추어 말하고 있다. 세월이 지나고 지혜가 담긴 베드로의 조언이다. "근신하고 깨어 있으십시오. 당신의 대적 마귀가 우는 사자같이 두루 다니며 삼킬 자를 찾고 있습니다."

싸우기 위한 준비

적을 만날 준비가 돼 있지 않은 상태로 전쟁터에 나가는 것은 위험하다. 제2차 세계대전 당시, 나는 적들이 물러난 이후 그 잔재들을 소탕하는 부대의 일원이었다. 우리 부대는 저항하는 적들을 만날 때까지 진격하고, 그들을 없애기 위해 모든 노력을 다했다. 그리고 앞으로 전진했다. 우리는 언제 적군이 나타날지 알 수 없었기 때문에, 군대의 신호에 항상 깨어 있어야 했다.

갑자기 어느 순간에 전차의 행진이 멈췄다. 앞에 선 긴 전차의 행렬을 바라보지만 어떤 일이 벌어지고 있는지는 알 수 없었다. 우리가 멈추어 있는 동안, 한 병사가 앞으로 달려가 무슨 일인지 알아보았다. 앞에서 운전하던 한 병사가 졸음에 빠진 것이었다. 어느 순간 그가 눈을 떠보니 그 차량 앞에서 달리던 차들이 보이지 않았고, 서둘러서 앞의 차들을 따라 잡으려다가 길을 놓치는 바람에 그만 적들의 진지에 들어와버린 것이었다.

문제는 우리가 적들과 마주칠 준비가 돼 있지 않았다는 사실이었다. 나는 당시에 군목들과 군의관들과 함께 지원차량에 있었다. 전투에 필요한 모든 지원물품을 가진 채로 말이다. 그러나 우리는 전투할 무기는 가지고 있지 않았다. 우리는 황급히 물러나 퇴각했다. 당황스러웠을 뿐만 아니라 엄청나게 위험한 상황이었다.

많은 크리스천들이 영적인 적을 향해 이렇게 다가가고 있다. 그런 상황에서 그들은 왜 좋지 않은 일들이 일어나는지 그저 의아해할 뿐이다. 당신이 준비되었을 때 적을 마주치는 것은 단지 나쁜 사건일 뿐이다. 당신이 준비돼 있지 않았을 때 적을 마주치는 것은 좀 다른 문제가 아닌가.

어떤 사람이 영적 전쟁에 대해 이야기할 때, 문제는 복잡해진다. 왜냐하면 적이 눈에 보이지 않기 때문이다. 군대가 아무리 위장한다 해도, 적인지 아군인지 구분하는 것은 사실 별 문제가 아니다. 그러나 보이지 않는 영적인 적에 있어서, 근신하고 깨어 있어야 할 필요는 훨씬 더 크다.

나는 몇 년 전에 네바다 주 르노에 있는 한 교회에서 이 사실에 대해 배웠다. 나는 몇 명의 동료들과 함께 유명한 카지노에 가보기로 결정했다. 물론 도박을 하려는 것이 아니라 그냥 여행객으로서 한 번 가보려는 목적이었다. 그런 곳에 가는 것은 생전 처음이었다. 그 곳에 들어서자마자 휘황찬란한 광경이 나를 사로잡았다.

카드를 섞는 딜러들의 손놀림은 완벽했고, 그곳에서

돌아가는 로또는 길거리에서 보는 것보다 훨씬 흥미로웠다. 어떤 여인은 세 개의 슬롯머신을 한꺼번에 돌리고 있었다! 한 손으로는 동전을 넣고 다른 손으로는 두 기계의 손잡이를 당기고 있는 것이었다. 거의 완벽한 리듬으로 움직이고 있는 그녀를 보니 처음 온 사람은 아닌 것 같았다. 그녀는 환상적이었다.

바로 그 때, 나는 스스로에게 질문하기 시작했다.

"여기 지금 무슨 일이 벌어지고 있는가? 이 사람들이 왜 여기 있는가? 무엇을 원하고 있는가? 무엇을 찾고 있는가?"

관광객으로서의 흥미를 가지고 바라보던 내 마음에 한편으로는 불쾌함과 다른 한편으로는 도박을 즐기고 있는 사람들에 대한 안타까움이 몰려 왔다. 죄악의 현장에서 빠져나가고 싶은 갈망과 대적의 손아귀에 사로잡혀 있는 사람들을 구출해 내고 싶은 갈망이 내 안에서 솟구쳤다. 그제서야 나는 사도 바울이 고린도교회에 했던 말을 이해하게 되었다.

"그리스도의 사랑이 우리를 강권하시는도다… 이제부터는 아무 사람도 육체대로 알지 아니하노라"(고후 5:14, 16).

물리적인 세상에 사는 우리들이 "보이는 것은 잠깐이요 보이지 않는 것은 영원"(고후 4:18)하다는 것을 잊어버리기는 너무나 쉽다. 사탄의 중요한 전략 중에 하나는 우리가 보이는 시간과 공간의 제약을 받는 세상 안에서만 살고 생각하도록 만드는 것이다. 서방의 국가들에게 있어서 사탄의 이 전략은 매우 성공적이다. 우리의 문화는 이러한 방식에 영향을 받고 있다. 우리의 공공교육은 영원한 것이 없다는 진화론과 같은 전제 아래 세워져 있다. 그래서 이 과정에서 기독교적인 관점은 교육에 어떤 영향도 끼치지 못하고 있다.

이러한 사고체계 아래에서는 사탄을 대적하기보다는 그저 무시해 버려야 한다고 믿게 된다. 계몽주의라고 불리는 그 사고체계는 그다지 계몽적이지 않다. 영원한 세계와 하나님을 무시하고 자기 자신이 중심에 서 있는 세계관이다. 그래서 바울이 이렇게 경고했다.

"누가 철학과 헛된 속임수로 너희를 노략할까 주의하라 이것이 사람의 유전과 세상의 초등 학문을 좇음이요 그리스도를 좇음이 아니니라"(골 2:8).

이 계몽된 사회를 향한 베드로의 권면 또한 여전히 변함이 없다. 우리는 근신하며 깨어 대적을 포함한 모든 영적인 것들을 분별해야 할 필요가 있다.

세상은 전쟁터

베드로의 이 메시지를 더 자세히 관찰해 보면 이 싸움은 어느 지역에서만 벌어지는 것이 아니라는 것을 알 수 있다. 베드로는 "이는 세상에 있는 너희 형제들도 동일한 고난을 당하는 줄을 앎이니라"(벧전 5:9)라고 말하고 있다. 사탄과 귀신들은 미개한 원시 부족들 속에서만 역사하는 것이 아니라 세련되고 계몽된 서구 사회 속에도 역사하고 있다. 사탄의 전술은 서구 사회에서 약간 변형될 수는 있지만, 언제든지, 어디서나 하나님의 일을 파괴하려고 기회만 노리고 있다. 예수님께서는 "마귀가 죽이고 훔치고 파괴하려 한다"고 말씀하셨다(요 10:10). 사탄은 지리적인 제약이 없이 활동하고 있다.

그래서 사탄과 그의 부하들이 인생들을 억누르고 있다는 사실을 보지 못한다면, 우리는 그저 그들을 무시하거나 무시하는 체하게 된다. 사탄과 그의 부하들에 대해 성경이 모든 믿는 자들에게 경고하는 것은 근신하고 깨어 있어야 한다는 것이다. 달리 말하자면, 우리에게는 영적인 분별이 필요한 것이다. 우리는 교활한 대적이 우리를 삼키려 할 때 영적인 눈을 뜨고 감지해야 하는 것이다.

대적의 급소를 찾아라

여기까지 읽고서 어떤 사람은 이렇게 질문할 것이다.

"좋아요. 그런데 그렇게 하려면 신학공부라도 좀 해야 하는 게 아닐까요? 저 같은 '평범한 크리스천'이 어떻게 그런 분별을 할 수 있을까요?"

예수님께서 이 질문에 단순한 답을 주신다. 주님의 양들은 주님의 음성을 안다.

"자기 양을 다 내어 놓은 후에 앞서 가면 양들이 그의 음성을 아는 고로 따라오되 타인의 음성은 알지 못하는 고로 타인을 따르지 아니하고 도리어 도망하느니라"(요 10:4-5).

목자의 음성을 아는 것은 교육으로 되는 것이 아니다. 그것은 함께 시간을 보내야 하는 것이다. 함께 있어서 목자의 음성과 그의 뜻을 인식할 수 있게 되는 것이다. 그렇게 되면 목자의 말씀과 반대되는 목소리들을 제거해 버릴 수 있게 된다.

신학교육이 가능하지 않은 지역에 살고 있는 사람들도 목자의 음성과 대적의 음성을 정확하게 분별하며 살아 내고 있다. 신학교육을 받았다는 것이 목자를 아는 것을 의미하지는 않는다. 게다가 서구 세계에서 분별력은 교육과 직접적으로 연관되어 있지 않다. 그것은 언제나 목자와의 친밀한 관계를 통해 가능해진다.

'근신과 절제'라는 것을 적절하게 표현한다면, 킹제임스 버전KJV에서 사용된 '술 취하지 않은' sober라는 단어가 좋겠다. 이 단어가 문자적으로 정확한 번역이다. 이 단어는 와인이나 센 술에 취하지 않은 것을 의미한다. 신약에서는 세상의 것이나 세상의 생각에 취하지 말라고 말하고 있다. 근신하고 절제하는 사람은 사도 바울의 훈계를 잊지 말아야 할 것이다.

"너희는 이 세대를 본받지 말고 오직 마음을 새롭게 하라"(롬 12:2).

성경의 다른 번역에서는 "당신을 둘러싼 세상의 모양을 따르지 말고, 오직 하나님께서 빚으시게 하라"라고 표현했다. 근신하는 사람은 하나님의 진리에 따라 생각하는 사람이다. 자신이 살고 있는 문화적 흐름을 따르지 않는다.

우리의 문화에서는 세상을 살아가는 데 영이 그다지 중요하지 않다고 이야기한다. 인과적 관계가 과학적으로 설명되어야 하고, 논리적이거나 생화학적 근거를 가지고 이 인류의 실패를 설명해 내려고 한다. 교육을 받으면 받을수록 영적인 세계의 실체에 대해 무지해진다. 서구의 합리주의나 자연주의가 우리의 교육에 스며들어서, 학생들은 인식하기도 전에 그것들을 받아들이게 된다. 어떤 전제 조건들을 시험해 보지 않고서, 그 검증되지 않은 거짓된 전제들을 가지고 살아가게 된다.

근신하는 사람은 하나님과의 관계에 근거해 바른 질문을 던지는 법을 배운다. 하나님께서 말씀하신 것이 진리라는 것을 아는 지식이 있다. 다른 한편으로는, 그들은 영적인 적에 대해 두려움을 가지지 않고 살아가고 있다는 뜻이다. 말씀에서 명백하게 예수님께서 십자가와 부활을 통과하신 것을 통해 하나님의 자녀들이 승리를 얻게 되었다고 하시기 때문이다. 반면에, 그들은 대적을 무시해 버리는 것이 아니라, "악한 것을 대적하고 믿음에 굳게 서있는 것이다"(벧전 5:9). 그리스도 안에서 모든 것을 정복한 믿음(롬 8:37)으로 말이다.

하나님을 알라, 그리고 대적도 알라

우리의 최고의 우선순위는 하나님을 아는 것이다. 그런데 만약 똑똑하고 경험이 많은 적을 맞서 싸워야 한다면 그 대적에 대해서도 알아야 할 필요가 있다. 영적 전쟁에 있어서—그것이 어떠한 종류의 영적 전쟁이든지—첫 번째 법칙이 있다면 그것은 대적의 정체를 아는 것이다. 바울은 고린도교회에 "우리가 그 궤계를 알지 못하는 바가 아니로라"(고후 2:11) 라고 말한다. 그는 사탄이 어떻게 생각하는지 몰라서는 안 된다고 말하고 있다. 바울이 편지를 읽는 고린도교회 성도들과 말장난하는 것이 아니라는 것을 알아야 한다.

'알지 못하는 바'와 '궤계'는 원어에 보면 같은 뿌리에서 나왔는데, 바로 '생각'mind이라는 단어이다. 대적이 어떻게 생각하는지, 어떻게 행동하는지에 대해 알지 못하는 것은 바로 전략적인 우위를 내어 주는 것이다. 정부에서 적극적으로 정보 수집을 정책적으로 진행하는 이유이기도 하다. 자국을 보호하기 위해, 그들은 적에 관해서, 또는 적이 될 가능성이 있는 영역에까지 모조리 정보를 수집한다.

제2차 세계대전이 벌어지는 동안 내가 있던 부대에서는 지그프리트 라인Siegfried line이라고 알려진 요새를 지켰다. 프랑스와 독일의 국경에서 방어하는 정교한 요새였다. 단순하게 지평선을 바라보면 어떤 형태의 방어구조가 존재하는지 알 수 없다. 그러나 우리는 평범한 농장처럼 보이는 건물이 실제로는 위장된 벙커이며, 콘크리트로 견고하게 세워져서 발사대와 대포들을 감추고 있다는 사실을 알고 있다. 농장 안으로 들어온 소수의 적병들을 상대해야 할 때에는, 장총과 수류탄을 갖춘 병사들을 보낸다. 요새가 총체적인 공격을 받을 때에는 길을 내기 위해 공군의 협조를 요청한다. 적을 아는 것은 차이를 만들어 낸다.

걸프전에 깊이 연관된 미국은 미리 정보를 수집해 두었기 때문에, 적이 어디에 탱크를 숨겨 두는지, 최고의 중대가 어디인지, 지뢰밭이 어디인지 알고 있다. 적을 무시하는 사람들은 "우리는 최고다. 세계에서 가장 우세한 전투력이다. 가장 강한 무기가 다 우리에게 있다. 최신 폭탄은 다 우리에게 있다. 가서 쓸어버리자!"라고 말할 것이다. 그런 공격은 적의 심장 속으로 머리를 들이미는 것과 같다. 그러나 우리가 적을 안다면? 적이 생각하는 방식을 안다면? 적의 허를 찌르는 공격을 할 것이다. 많은 인명을 희생하지 않아도 되는 것이다.

다시 한 번 말하지만, 이것은 적을 중심으로 생각하라는 말이 아니다. 적이 어떻게 움직이는지에 대해 모든 생각을 집중하라는 말이 아니다. 그러나 만약 적의 전술을 알지 못하면 우리는 전술적 우위를 빼앗길 수 있다는 것이다. 하나님께서 호세아에게 말씀하셨다.

"내 백성이 지식이 없어서 망하는도다"(호 4:6).

지식이 없다는 것은 우리가 어떻게 살아야 하는지에 대한 하나님의 말씀을 무시하는 것을 말한다. 적에 대한 하나님의 경고를 무시하는 것으로도 적용할 수 있다. 대부분의 성도들은 바울에게 "우리는 사탄의 궤계를 무시하지 않는다"라고 말하기 어려울 것이다.

성경은 우리에게 균형을 찾아 준다. 그리스도가 말씀의 중심이 되신다. 귀신이나 적에 대해 길게 설명해 주는 말씀은 없다. 우리의 우선순위는 하나님과 그분의 길을 아는 것이어야만 한다. 만약 우리가 진리를 안다면 훨씬 쉽게 거짓의 아비의 속임에서 피할 수 있을 것이다. 하나님은 사탄의 길이나 그의 사명에 대해 구체적으로 알려 주지 않으신다. 왜냐하면 그것들은 변하기 때문이다. 예수 그리스도가 '길' The Way이시다. 사탄은 다른 많은 길들이다. 예수 그리스도가 '진리' The Truth이시다. 사탄은 거짓의 아비이다.

연방 수사국은 위폐를 연구하지 않는다. 그들은 가짜를 막기 위해 진짜 돈을 공부한다. 그러나 대중을 보호하기 위해서 어떻게 위폐가 어떻게 제작되는지 알아낸다. 같은 방식으로, 말씀에서는 사탄의 영역에 대해 멋지게 정리

된 보고서를 얻을 수는 없다. 그러나 명백하게 적의 실체를 알려 주고 있으며, 그들을 대항해 승리를 취하는 방법을 제공하고 있다. 사탄과 그의 졸개들은 예수님의 사역과 가르침에서 중요한 역할로 등장하고 있다. 예수님은 그들을 무시하지 않으신다. 우리도 그래서는 안 된다.

대적과 싸우지 말아야 한다는 말을 들어보지 못했다. 오히려, 우리는 싸워야 한다고 확신한다. 바로 그것이 우리가 근신하고 깨어서 악한 자를 대적하고 믿음으로 굳게 서야 하는 이유이다(약 4:7, 벧전 5:8-9). 우리가 참으로 믿지 않고서 믿음을 연습할 수 없다.

우리는 누가 이길 것인지 결정된 전쟁을 싸우는 것이다. 십자가와 부활이 단번에 모든 사람을 위해 이루어졌다(골 2:15, 히 2:14-15). 주님께서 우리를 집으로 불러 주실 때까지, 또는 대적이 불 못에 들어가 끝이 나는 순간까지, 우리는 구원의 대장되신 이가 우리에게 주신 승리를 사용하도록 부름받았다.

무엇을 두려워하는가?

그리스도가 사탄을 정복하셨다면, 하나님의 자녀인 우

리가 이 승리에 참예하는 자라면, 왜 우리는 그렇게 사탄과 그의 졸개들을 생각하는 것조차 두려워하는가? 왜 사탄의 존재를 부인하고 전투를 피하려 하는가?

특별한 영적 은사를 가진 사람들이나 대적과 싸우도록 부름받았다고 가정하면서 정작 본인은 전투에서 물러나버린다. 성경에서 그런 은사에 대해 말한 적이 없다. 모든 크리스천들은 하나님께 순복하고 마귀를 대적해야 한다. 사람들은 우리(저자들)가 앞서가는 복음적인 신학교에서 이런 영역을 말하는 것을 들으면, 신학교의 동료들이 우리에 대해 어떻게 생각하는지 궁금해한다.

대부분은 성경적으로 균형 잡힌 지침이 필요하다고 보고 있다. 그러나 그들 자신이 하지 않아도 된다는 사실에 기뻐한다. 어떤 사람들은 이 영역에 대해 생각하는 것조차 원하지 않는다. 또 다른 사람들은 신학적으로 신뢰할 만하지 않다고 여기고, 또 어떤 이들은 실제로 그것을 다루는 것을 두려워한다. 마귀와 연관되는 것에 대한 두려움이 존재한다. 심지어 성경적으로 최고의 지식을 가진 사람들에게서도 말이다.

이 문제는 이미 알고 있는 사실이다. 우리의 믿음은 형식은 갖추고 있지만, 아무런 기능도 하지 않을 때가 많다.

우리는 머리로는 진리를 알고 있다. 우리의 마음까지 내려오지 못하고 있다. 생명의 근원이 되는 마음으로 내려와야 하는 것이다(잠 4:23). 신학적 지식, 더군다나 정통 보수 신학적 지식은 실제적인 매일의 삶에 적용되어야 하는 것은 아니다. 이것은 구약에 나타난 이스라엘의 삶에서 증거하고 있다.

하나님께서 선지자들에게 "이 백성이 입으로는 나를 가까이하며 입술로는 나를 존경하나 그 마음은 내게서 멀리 떠났나니 그들이 나를 경외함은 사람의 계명으로 가르침을 받았을 뿐이라"(사 29:13)고 하셨다. 예수님께서 그 시대의 제사장들과 율법을 지키는 종교적인 지도자들에게 겉으로는 선한 척하지만 속으로는 죽은 뼈가 가득한 회칠한 무덤 같다고 말씀하셨다(마 23:27). 예수님께서 열매로 사람을 알아본다고 말씀하셨다(마 7:16). 사도 바울은 고린도교회에 분명하게 말하고 있다.

"하나님의 나라는 말logos에 있지 않고 능력에 있느니라"(고전 4:20).

존 칼빈은 "아무것도 없이 쫑알대는 말만으로, 도대체 누구를 감동시키겠는가"라고 말하기도 했다.[2]

종종 어떤 사람들은 내가 귀신들린 사람들을 다루는

방식에 문제가 있다고 도전해 올 때가 있다. 그러면 나는 이렇게 말한다.

"좋습니다. 다음 번에 제가 그것과 비슷한 문제를 가져오지요. 당신이 그것들을 어떻게 푸는지 저에게 보여 줄 차례입니다."

그들은 이런 반응을 예상하지 못하곤 한다. 나는 이 영역에 대해 공부하는 것이나 가르치는 것이 실제 체험해 보는 것보다 훨씬 쉽다는 것을 이미 초기에 깨달았다.

사탄은 이것을 알고 있다. 그래서 크리스천들이 그를 두려워하는 행동을 할 때 기뻐한다. 원래는 사탄이 크리스천들이 오면 도망가야 하는 것이다. 크리스천들이 도망하는 것이 아니다. 불행하게도 이 대적은 전투에 나온 병사들의 두려움을 이용한다. 사탄이 아닌 하나님을 두려워하는 것이 지혜의 근원이다.[3]

선교사가 되기 위해 성경 대학에 다녔던 한 사람이 상담하기 위해 찾아왔다. 그의 아이들이 밤마다 사탄의 공격으로 악몽을 꾼다는 것이었다. 그는 선교사로 헌신한 것을 방해하기 위해 사탄이 아이들을 공격하고 있다고 확신했다. 그는 "내 아이들이 이렇게 되는 것이 싫어서 다 그만두었어요"라고 말했다. 그는 학교를 떠났고 선교사의 부르심을 포기했다. 나는 그에게 이렇게 말했다.

"당신은 자녀들이 안전한 곳에 있다고 생각하겠지만, 세상에서 가장 위험한 땅에서 아이들을 키우고 있는 것입니다. 당신은 사탄에게 '너보다 강한 힘이 내게 있는지 잘 모르겠다. 네가 만약 내 아이들을 가만둔다면, 나도 너를 가만두겠어'라고 말씀하신 것이에요."

사탄은 이런 상황에서 언제나 동의한다. 사탄은 크리스천들이 두려움을 표현하는 것을 좋아한다. 하나님 외에 무언가를 두려워하는 것은 하나님을 믿는 믿음과는 반대되는 것이다. 그 사람은 타협의 삶의 끝에 무엇이 있는지 알지 못했다.

사탄에게 사로잡힌 증상 – 초자연적인 힘으로 누름 – 을 보이는 사람을 상담하던 목회자가 있었다. 목회자는 두려워지기 시작했다. 그는 뒤로 물러나 이렇게 말했다.

"이것을 해결할 다른 사람을 불러오겠습니다."

결국 사탄을 두려워하는 생각으로, 사탄의 공격으로 고통당하는 영혼을 도와주기보다 전투의 열기에서 뒤로 물러나게 하고 말았다.

진짜 문제는 두려움이 아니다. 두려움은 증상일 뿐이다. 두려움이 우리를 조종해서는 안 된다. 우리는 십자가에서 주님이 이루신 승리를 믿음으로 행동할 것을 선택해야만 한다.

"하나님이 우리에게 주신 것은 두려워하는 마음이 아니요 오직 능력과 사랑과 근신하는 마음이니"(딤후 1:7).

이것의 모델로서 우리는 여호수아의 경험을 찾아볼 수 있다. 하나님께서 여호수아에게 이스라엘 백성을 약속의 땅으로 이끌라는 사명을 주셨다. "강하고 담대하라"(수 1:6-7, 9)고 여호수아에게 말씀하셨다. 한 번이 아닌 세 번이나 말씀하셨다. 여호수아에게 왜 그렇게 담대함이 필요했을까? 왜냐하면 가나안과의 전투가 결코 쉬운 것이 아니었기 때문이다. 그 땅에는 40여 년 전에 살던 거인들이 여전히 살고 있었다. 여호수아도 정탐꾼 중에 속해 있었기 때문에, 그는 거인들과 이중으로 된 성벽을 기억하고 있었다.

용기는 두려움이 없는 것이 아니다. 용기는 두려움과 대면했을 때 의연하게 일어나는 행동이다. 두려움이 없다면 용기도 필요 없다. 이것이 바로 사탄이 우리가 용기를 잃어버리게 만드는 이유이다. 사탄은 우리가 용기 있게 행동하기를 원하지 않는다. 사탄은 우리의 용기를 사라지게 한다.

하나님께서는 용기를 북돋아 주신다. 하나님은 우리가 용감하게 일어서기를 원하신다. 그래서 우리가 용기를 얻도록 도와주신다. 하나님께서는 우리가 일어설 수 있도록 반석이 되어 주신다. 어두움이 무엇이라고 속삭이든지 환경과 상황을 바라보는 인간의 마음에 서지 않고, 하나님이 어떤 분이시고 그분이 우리를 위해 하신 것 위에 서서 용기 있게 행동하는 결단이 필요하다.

여전히 우물쭈물할 것인가?

이 책을 쓰는 저자들이 여전히 우물쭈물할 것이라고 생각되는가? 어떤 면으로는 그렇다. 승리를 확신하면서도 실은, 우리는 전투를 즐기지는 않는다. 그러나 영적 전쟁에 대해 알면 알수록, 선교지에 가거나 목회를 하려고 신학을 공부하는 학생들에게 어떻게 이 싸움을 싸워야 하는지 필수적으로 가르쳐야 한다는 것을 깨닫게 되었다.

이러한 이유로, 첫 걸음을 시작해 보려고 한다. 전 세계로 흩어진 우리의 졸업생들을 다시 만났을 때 그들이 말해주는 한마디가 우리의 가르침의 보상이 된다. 그들의 사역 현장에서 가장 필요하고 중요한 영역이었다는 말이다.

어떻게 싸워야 하는지 알아야 하는 것은 단지 선교사나 사역자뿐만이 아니다. 모든 성도들도 같은 영적인 대적을 만나게 된다. 사탄이 우리를 두렵게 하여 전투에서 후퇴하도록 만드는 것을 허락해서는 안 된다.

예수 그리스도께서 다시 돌아오실 때까지, 전쟁은 계속 된다. 그러나 우리를 사랑하시는 주님을 통해 우리는 모든 것을 정복했다(롬 8:37). 그래서 우리는 승리 안에서 살아가야 할 것이다.

2장

영적 전쟁인가 아니면 단순히 케케묵은 문제인가?

영적 전쟁은 기본적으로 하나님의 나라와
사탄의 나라 사이에서 일어나는 전쟁이다.
진리의 영과 거짓의 아비 사이의 전쟁이다.
전쟁이 일어나는 장소는 우리의 마음mind이다.
우리는 거짓을 믿어 묶임을 당하든지,
진리를 믿어 자유케 될 것이다.

패스트푸드, 3분 즉석 요리, 식사 배달, 자동 응답기, 처방전 없는 약, 인터넷 등등 빠른 것들에 둘러싸여 살고 있다. 우리와 같이 나이 많은 사람들은 집에 남아 있는 음식 재료들을 모두 긁어 모아 만든 저녁 식사를 기억한다. 손으로 깎아 만든 나무 장식을 기억한다. 기계가 아닌 은행원과 대화하며 돈을 찾아야 하던 순간을 기억한다. 자동응답기가 아닌 전화교환원을 통해 전화하던 시절을 기억한다. 머나먼 학교나 직장에 걸어서 가던 때를 기억한다.

21세기에 들어서면서, 개인의 영적인 문제나 내면의 상처를 빠르게 해결하려는 유혹이 커지고 있다. 우리의 삶에 침투하셔서 막힌 문제들을 기적적으로 "뻥" 뚫어내실 수 있는 하나님의 능력을 과소평가하는 것이 아니라, 주님께서는 우리가 삶의 문제들을 다루어 보면서 이미 주어진 능력을 사용하기를 원하신다고 말하고 싶다. 우리는 그의 형상으로 지어졌다. 그의 형상이란 생각하고, 느끼고, 결정하는 능력을 포함한다. 그리고 주님께서 이러한 능력들을 사용하도록 격려하신다.

진정한 크리스천은 모든 결정을 하나님께서 내려 주시기를 기대해야 한다는 견해를 종종 듣게 된다. "주님께서 운전하시도록 운전석에서 물러나라!"라는 말을 듣기도 한다. 저런 견해가 참이 아니라고 할 수는 없지만, 실제로 그러한 것만은 아니다.

더 좋은 그림을 그려보자면, 배의 키를 잡고 있는 젊은 청년과 그의 어깨 옆에서 멘토로서 조언하며 서 계시는 주님이시다. 오직 하나님만 하실 수 있는 일이 있다. 아무것도 존재하지 않는 가운데 창조하는 것, 말씀으로 우주를 움직이는 것, 진리를 정의내리는 것, 죽을 인간을 구속하시는 것과 같은 일들이다. 그러나 하나님께서는 우리를 훈련하셔서 우리가 직접 하기 원하시는 일들이 있다. 주님은 멘토로서 옆에 계시면서 도와주신다. 그러나 우리가 생각하기를 원하신다.

주님은 말씀을 아는 지식이 자동적으로 우리에게 채워

지게 하지 않으신다. 우리는 말씀을 읽고, 공부하고, 암송하고, 묵상해야 한다. 그리고 순종해야 한다. 주님께서 우리에게 주신 전신 갑주를 입어야 하는 것이다. 사랑하는 자녀들에게 주시는 주님의 자원들을 가지고 우리 삶에 다가오는 도전들을 맞이해야 할 것이다. 우리는 결정을 내리는 능력을 사용해야 한다. 주님께서 우리가 결정을 내리는 그 과정을 도와주실 것이다. 잘못된 결정을 내릴 때는 바로잡아 주실 것이다. 그러나 주님께서는 결코 우리의 의지 없이, 수동적으로 결정하게 하지 않으신다.

우리는 타락한 세상에 살고 있다. 주님은 명백하게 "이 땅에서 어려움을 겪을 것"이라고 말씀하신다. 이 구절은 거기서 끝나지 않는다. "그러나 담대하라 내가 세상을 이기었노라"(요 16:33)라고 말씀하신다. 이 승리의 약속은 우리가 어려움이 없을 것이라는 뜻은 아니다. 구약에서 하나님께서 그의 사람들에게 말씀하신 내용과 다르지 않다.

"네가 물 가운데로 지날 때에 내가 함께할 것이라 강을 건널 때에 물이 너를 침몰치 못할 것이며 네가 불 가운데로 행할 때에 타지도 아니할 것이요 불꽃이 너를 사르지도 못하리니"(사 43:2).

하나님의 사람들에게는 홍수도 없고 불 가운데 지나는

일도 없을 것이라는 약속이 아니다. 그러한 상황이 와도, 주님께서 함께 하시겠다는 약속이 주어진 것이다.

오늘날, 우리는 어려움을 직면하게 될 것이라는 것을 인식해야 한다. 이것은 예수님께도 마찬가지였다. "그가 아들이시라도 받으신 고난으로 순종함을 배워서"(히 5:8). 솔직히 말하자면 시련과 고통의 시간이 모두 사탄으로부터 오는 것은 아니다. 물론 사탄은 궁극적으로 모든 악의 근원이다. 타락하게 하는 영향력을 사탄이 이 세상에 소개하기는 했지만, 악이 재생산되어 일어날 때마다 그가 거기 있을 필요는 없는 것이다. 사탄에게 필요 이상의 공을 돌리지 말자. 사탄을 너무 주목해 주지 말자. 하나님께서 우리에게 행하라고 하신 것을 하는 데 있어서 망설이지 말자.

우리의 생각과 지성을 절제하는 것이 바로 이런 것이다. 하나님께서는 우리가 직접 생각하기를 기대하시고, 우리의 의지로 결정을 내리기를 기대하신다. 우리가 주님을 충분히 신뢰하면, 주님께서 대신 결정해 주실 거라고 생각하는 것은 오산이다. 오히려, 주님께서는 우리 안에 있는 하나님의 형상을 사용하는 것을 기다리신다. 우리의 생각과 의지는 하나님의 형상의 가치가 있는 것이다. 이것은 주님께서 우리를 이끄시지 않는다는 말이 아니다. 주님은 물론 그러하시다. 그러나 주님은 지적인 게으름을 칭찬하지 않으신다. 주님께서 주신 지성이라는 은사를 게으른 청지기처럼 묻어 두는 것이다. 우리는 베드로와 바울이 "근신하고 깨어라"고 하는 이 말씀에 다시 주목해야 한다.

정신적인 수동성이 하나님께서 우리에게 주신 지성에 대한 게으름일 뿐만 아니라, 영적으로 우리가 할 수 있는 가장 위험한 행동이라는 것이다. 그것은 사탄의 속임에 문을 열어 두는 것이다.

사탄을 내어쫓을 수 있는 정확한 위치를 선점하기만 하면, 대부분의 문제가 해결될 것이라는 생각은 바꾸어야 한다. 모든 인간이 곤경에 빠질 수 있는 어떤 영적인 차원이 있다는 것이 사실이라면, 우리의 문제가 사탄을 처리하는 것만으로 단순히 해결될 수 있다는 것은 진실이 아니다.

우리는 사탄을 내어쫓아 달라는 부탁을 종종 받는다. 자신이 귀신들려서 문제가 일어난다고 생각하는 사람들이다. 그러한 사람들에게 이렇게 대답한다. "크리스천으로서 문제를 가진 사람에게 답하는 그대로 이야기하겠습니다. 만약 당신이 삶에 대한 하나님의 목적을 찾고 그 길로 가기 원한다면, 저는 당신을 돕기 원합니다. 그렇지만 그저 귀신을 쫓아내고, 그리고 나서 자기 중심의 삶을 추구하기 원한다면, 나는 어떤 도움도 줄 수 없습니다."

영적 전쟁이란 무엇인가?

만약 영적 전쟁이 사탄을 꾸짖고 내어쫓는 것만이 아니라면, 도대체 무엇인가? 영적 전쟁은 기본적으로 하나님의 나라와 사탄의 나라 사이에서 일어나는 전쟁이다. 그리스도와 적그리스도 사이의 전쟁이다. 진리의 영과 거짓의 아비 사이의 전쟁이다. 우리는 좋든지 싫든지 전쟁터에 살고 있다. 전쟁이 일어나는 장소는 우리의 마음mind이다. 우리는 거짓을 믿어 묶임을 당하든지, 진리를 믿어 자유케 될 것이다. 그래서 우리 마음에서 일어나는 전쟁을 영적 전쟁이라고 부른다.

우리는 생각하고 느끼고 결정을 내릴 능력(지, 정, 의)이 있다. 이것은 긴밀하게 연결되어 있다. 다양한 방식으로 상호작용이 일어난다. 우리의 마음에서 모든 것이 시작된다고 말하는 것이 안전하겠다. 삶을 대하는 우리의 생각은 우리가 느끼고 행동하는 방식을 결정하도록 도와준다. 감정이 결정적인 작용을 하기도 한다. 감정은 진리에 근거할 때만 가치가 있다. 감정은 실재하고 중요한 행동으로 이끌지만, 우리의 삶을 대하는 생각에 ─ 그 생각이 참이건 거짓이건 간에 ─ 뿌리를 내리고 있다.

모든 행동은 생각의 결과물이다. "대저 그 마음의 생각이 어떠하면 그 위인도 그러한즉"(잠 23:7). 의지는 생각이 아는 대로 움직인다. 잘못된 정보, 부족한 지식, 거짓된 신뢰는 끔찍하고 파괴적인 행동으로 연결된다. 사탄이 이것을 알고 있다. 거짓이 사탄의 최우선의 전략이다. 그래서 1장에서 계속 이야기했던 것처럼, 베드로는 "그러므로 너희 마음의 허리를 동이고 근신하라"(벧전 1:13)라고 말하고 있다. 우리가 마음의 전투에서 이길 수 있다면, 우리를 속이는 사탄을 이길 수 있다는 사실을 베드로는 우리에게 이해시키고 싶어한다.

마음의 전투는 바른 정보를 얻기 위한 갈등 이상의 것이다. 진리 위에 서서 실제로 믿음을 가져야 하는 문제이다. 이성적으로 진리를 안다고 해서 그것이 당신의 삶이 된 것은 아니다. 얼마 전 한 친구와 어떤 책에 관해 이야기하다가 발견한 예이다. 내 친구는 개인적으로 그 저자와 교제하고 있었는데 나에게 이렇게 말하는 것이었다.

"그 작가의 유일한 문제는 자기가 쓰는 것을 경험해 보지 못했다는 거지."

우리 모두에게 이러한 일은 가능하지 않은가. 우리의 지식은 우리의 실제적인 믿음보다 훨씬 더 앞서갈 수 있다. 그래서 우리의 앎이 우리의 삶을 뛰어넘어 버리는 것이다.

머리와 마음 사이에는 근본적인 차이가 있다. 머리는 마음이 이용하는 하나의 기관일 뿐이다. 컴퓨터 용어로 설명하자면, 머리는 하드웨어이고, 마음은 소프트웨어이다. 어떤 사람이 컴퓨터를 사용하려고 하는데, 어떤 소프트웨어에 작은 바이러스 하나만 있어도 끔찍한 일이 일어난다. 그런 것을 일컬어, "쓰레기를 넣으면 쓰레기가 나온다"라고 한다.

내가 박사코스를 하고 있을 때, 동료와 함께 대학의 컴퓨터센터에 있는 거대한 컴퓨터에서 복잡한 통계적 상호연산을 14장의 종이에 가득, 그리고 가능한 리스트를 21장의 종이에 출력하는 것을 본 적이 있다. 손으로 그 연산을 했으면 몇 달이 걸렸을 것이다. 1967년부터 2000년 사이에 일어난 기술혁명이었다. 그런데 작은 데이터 하나만 잘못 입력하면 모든 연산이 잘못된다는 데 문제가 있다. 같은 방식으로 인간의 뇌도 어떻게 프로그램되어 있느냐에 따라 다르게 기능을 발휘한다.

만약에 우리가 책임을 가지고 열매를 맺으며 살아 내지 않고 있다면, 우리는 스스로 무엇을 믿고 있는지, 어떤 방식으로 생각하는지를 주의 깊게 살펴보아야 할 것이다. 올바른 것을 믿는다면 그 믿음대로 살게 된다는 것이 중요한 삶의 원리이다. 그러나 우선 우리는 바른 믿음이 바른 지식보다 중요하다는 것을 이해할 필요가 있다.

신앙고백보다 중요한 것은 믿음

"투덜거리는 네 소리 때문에 네 말이 들리지 않는다"라는 격언은 삶의 중요한 원리를 담고 있다. 사람들은 고백한 대로 사는 것이 아니라 항상 자신이 믿는 대로 살아간다. 예수님께서 이렇게 말씀하셨다.

"그의 열매로 그들을 알리라"(마 7:20).

우리가 고백하는 신앙고백은 종종 누군가로부터 배운 지식에 근거한다. 책에서 읽었거나 학교에서 배운 것이다. 그런 배움이 잘못되었다는 이야기가 아니다. 하지만 삶이 변화되는 믿음은 영으로 배운 진리에서 나온다. 신앙고백은 우리의 머리가 아는 내용이다. 믿음은 우리의 마음이 발견한 것을 말한다. 전통적인 신앙고백을 하게 되면, 신학적인 시험들을 통과하기도 하고 안수를 받을 수 있게 된다. 전통적인 믿음을 갖게 되면, 하나님의 영광 안에서 살 수 있게 된다. 마음이 바로 전쟁터이다. 이기거나 지는 전쟁터 말이다. 그래서 사도 바울이 마음이 새롭게 함으로 변화를 받으라고 한 것이다(롬 12:2).

사탄은 속임수의 귀재

사탄은 변화가 일어나는 것을 싫어한다. 사탄은 우리의 믿음의 대상을 조종하게 되면, 우리의 삶을 조종할 수 있다는 사실을 알고 있다. 민중을 선동하던 사람들이나 독재자, 이교도의 교주들은 이런 전술을 이용해 왔다. 그러나 언제나 그 시작은 사탄이었다. 바울은 그런 악한 지도자들에 대해 "악한 사람들과 속이는 자들"(딤후 3:13)이라고 표현했다. 사탄은 먼저 지도자들을 속인다. 그래서 그들이 다른 사람들을 속이게 만든다. 그들도 속았다는 사실이 핑계가 될 수는 없다. 우리는 생각하고 믿는 것에 있어서 책임을 져야 한다.

우리가 이교도 집단이나 독재권력을 바깥에서 바라보면, 어떻게 사람들이 그런 말도 안 되는 거짓에 묶여 있는지 신기할 정도이다. 그러나 그것이 속임수로 일하는 방식이다. 거짓말은 주로 강한 확신에 차있고 사실처럼 보인다. 거기에 걸려드는 것은 시간문제이다. 우리 모두 그런 속임에 넘어갈 가능성이 있다.

죄가 없고 악한 것이 없었던 깨끗한 에덴동산에서부터 이 과정이 시작되었다는 사실을 고려해 보라. 하나님께서 동산을 만드시고 동산 안에 사람을 보시며 "보기 좋다"라고 하셨다. 그 때 사탄이 등장한다. 그가 어떻게 나타나는지를 주목해 보자. 사탄의 목적은 아담과 하와가 하나님의 말씀에 대해 질문하게 하는 것이다. 먼저 그는 명백한 거짓말을 던진다.

"하나님이 참으로 너희더러 동산 모든 나무의 실과를 먹지 말라 하시더냐"(창 3:1).

거짓임이 바로 드러나는 질문이었다. 그래서 하와가 동산의 모든 나무를 먹어도 되지만 동산 가운데 있는 나무만은 손댈 수 없다고 대답한다. 만약 그 나무 열매를 먹으면 죽을 것이라고 말했다.

하와가 첫 번째 질문에 바로 반응하자, 사탄은 여인을 꾈 준비가 되었다. 하와는 만지면 안 된다는 말을 덧붙였다. 이것은 하나님이 원래 주셨던 지침과는 다른 것이었다. 우리가 보통 문제에 걸려드는 이유는 하나님이 말씀하신 것에 무언가 덧붙이거나 가감하기 때문이다. 사탄의 두 번째 접근은 질문이 아닌 선언이었다.

"뱀이 여자에게 이르되 너희가 결코 죽지 아니하리라 너희가 그것을 먹는 날에는 너희 눈이 밝아 하나님과 같이 되어 선악을 알 줄을 하나님이 아심이니라"(창 3:4-5).

유혹은 두 가지로 마음을 당기고 있다. 첫 번째는 하나님이 진실이 아닌 이야기를 하셨는지 의심하게 하는 것과 두 번째는 하나님처럼 될 것이라는 솔깃한 제안을 통해 이기심을 드러나게 하는 것이었다. 사탄은 하나님처럼 되려고 시도하다가 마귀가 되었다(사 14:12-15, 마 4:9, 살후 2:4). 이제 그는 하나님의 형상으로 지어진 남자와 여자에게도 동일하게 제안한다.

이 일이 아담과 함께 있을 때 일어났다면 어땠을지 상상해 보는 것도 좋다. 아담과 하와가 이 일에 관해 대화하고 이겨 냈을 수도 있었을 것이다. 우리는 여기서 사탄의 또 다른 전략을 발견할 수 있다. 사탄은 명확하게 우리가 혼자 있을 때를 공략한다는 것이다. 사탄은 "너는 혼자서 이 일을 할 수 있어. 하나님이나 다른 사람에게 의존하지 말고 혼자서 해낼 수 있어"라고 말한다. 우리의 마음을 끌

만한 유혹이지만, 그것은 위험한 길로 들어가는 지름길이다. 하와는 사탄과 대화하기를 멈추지 않는다. "하나님을 신뢰하지 않아도 좋다고요? 하나님이 거짓말도 하신다고요?" 이 질문의 답은 너무나 명백해 보인다. 이런 질문을 한다는 것 자체가 의아할 정도이다. 그러나 이것은 사탄의 또 다른 전략을 불러온다. 급한 마음을 불러일으키는 것이다. "바로 지금 해야 해. 더 생각할 시간이 없어. 다른 사람과 의논할 시간이 없어." 하와가 어떻게 이런 내용을 하나님과 나누지 않았는지 놀라울 따름이다. 하나님께서는 끊임없이 하와를 기다리고 계셨을 텐데……

이 부분의 쟁점은 하와가 하나님에 대해 무엇을 믿고 있는가 하는 것이다. 하나님이 신뢰할 만한 분이 아니라는 생각이 들었던 그 순간, 온 세상이 변해 버렸다. 그녀와 아담과 그들의 후손된 온 인류가 변하게 된 것이다. 동산의 나무에 대한 부분에서 하나님의 말씀을 믿을 수 없다면, 다른 모든 것에 대한 말씀도 믿을 수 없게 된다. 선과 악을 알게 하는 나무에 관한 그들 자신의 판단을 의지하기 시작하면, 다른 모든 것에 대한 판단도 스스로 내리게 된다. 아직 훈련되지 않은 사람에게 그것이 얼마나 매력적인 유혹인가.[4]

에덴동산과 같은 완전한 곳에서 그런 거짓 유혹이 찾아온다면, 우리가 살고 있는 이 어두운 세상은 말할 것도 없다. 그래서 바울이 고린도교회에 "뱀이 그 간계로 하와를 미혹케 한 것같이 너희 마음이 그리스도를 향하는 진실함과 깨끗함에서 떠나 부패할까 두려워하노라"(고후 11:3)고 말했다. 이 시대에도 우리는 여전히 깨지기 쉬운 존재이다. 그래서 예수님께서 "내가 비옵는 것은 저희를 세상에서 데려가시기를 위함이 아니요 오직 악에 빠지지 않게 보전하시기를 위함이니이다 내가 세상에 속하지 아니함같이 저희도 세상에 속하지 아니하였삽나이다 저희를 진리로 거룩하게 하옵소서 아버지의 말씀은 진리니이다"(요 17:15-17)라고 기도하셨다. 우리는 인간의 추론이나 과학적 연구로 거짓의 아비를 이길 필요가 없다. 성경 안에서 발견되는 진리로 이기는 것이다.

세상, 육체, 그리고 대적

영적 전쟁에 대해 논하면 세상과 육체와 대적 사이의 관계에 대한 질문을 자주 받게 된다. 사도 바울은 영적 전쟁에 대해 정의하면서 이 세 가지 영역을 이렇게 소개한다.

너희의 허물과 죄로 죽었던 너희를 살리셨도다 그 때에 너희
가 그 가운데서 행하여 이 세상 풍속을 좇고 공중의 권세 잡
은 자를 따랐으니 곧 지금 불순종의 아들들 가운데서 역사하
는 영이라 전에는 우리도 다 그 가운데서 우리 육체[5]의 욕심
을 따라 지내며 육체와 마음의 원하는 것을 하여 다른 이들
과 같이 본질상 진노의 자녀이었더니(엡 2:1-3).

사도 바울이 세상과 육체와 대적을 함께 연결하고 있
는 방식을 주목하길 바란다. 육체, 세상, 대적을 따로따로
경계하라고 말하는 것이 아니라 바울은 그것들이 함께 굴
러가고 있다는 사실을 보여 준다. 서로의 관계를 무시하고
하나씩 따로 보게 되면, 그 정체를 이해할 수 없다. 성경
원어에 쓰인 세상kosmos과 육체sarx는 매우 다양한 의미
를 가지고 있다. 성경은 대적에 대해 명확하게 말해 주고
있지만, 세상과 육체라는 표현에 대해서는 그렇지 않다.

헬라어로 '세상'kosmos은 주로 두 가지 의미로 사용된
다. 예수님께서는 사탄을 세상의 '주관자'나 '임금'으로
정의하신다(요 12:31, 14:30, 16:11을 보라). 또 우리에게는
이 세상을 사랑치 말라(요일 2:15)고 하신다. 이런 맥락으
로 보면 실패한 인류가 사는 이 세상을 사탄이 다스리고

있다. 이것은 하나님의 손으로 창조된 세상을 말하는 것이 아니다. 하나님께서 온 인류와 만물을 창조하셨다. 그리고 그가 모든 만물을 다스리신다(골 1:17, 히 1:3).

이 물질세계는 하나님의 영광을 나타내고 있으며 이것을 아무도 거부할 수 없다. 이 세상은 하나님께서 인류에게 기쁨을 주기 위해 맡기신 영역이다. 하나님께서 창조하신 세상은 분명히 우리의 사랑의 대상이다.

"하나님이 세상을 이처럼 사랑하사 독생자를 주셨으니 이는 저를 믿는 자마다 멸망치 않고 영생을 얻게 하려 하심이니라"(요 3:16).

그래서 하나님이 창조하신 인류와 세상은 참으로 보기 좋았다. 대적의 소유가 아니다. 하나님의 창조를 즐기는 것은 인류의 유산이다.

우리가 이 장에서 다루는 '세상'은 창조주의 섭리에 따르지 않고 인간의 기준에 맞추어 대적이 만들어 낸 것으로 가득한 곳을 말한다. 에덴동산의 하와가 그랬듯이 잘못된 결정을 하도록 유인하는 사탄의 속임수들이 가득하다. 첫 번째의 잘못된 결정 – 하나님보다 사탄에게 귀 기울였던 선택 – 이후, 인간의 문화는 창조주를 멀리 떠나는 긴 여정이 시작되었다. 한 사람으로부터, 단 한 번의 결정으로부터 시작되었다. 그것이 두 사람에 번져 가고, 결과적으로 온 나라들을 뒤덮었다. 그래서 오늘날의 '세상'은 사람을 하나님으로부터 멀리 떠나도록 이끄는 사탄의 궤계로 가득한 곳이 되었다. 하나님의 선한 목적을 잃어버리고 대적의 거짓에 묶여 버리는 결과를 가져왔다.

이것이 하나님의 사람들이 마주하고 있는 세상이다(롬 12:2). "이 세상에 따라가지 말라"라고 바울은 강력한 명령을 내리고 있다. 이러한 세상 속에서 우리는 삶을 살아 내야 한다. 예수님께서는 대제사장적 기도를 올리시면서 우리는 이 '세상'에 속하지 않았다고 말씀하신다(요 17:16). 이 구별은 우리를 자유케 하고, 세상의 악한 영향력으로부터 우리가 자유하도록 지켜 준다. 이것이 예수님께서 요한복음 17장에서 우리를 위해 기도하신 것의 핵심이다.

또한 예수님이 기도하실 때, 우리와 세상의 관계를 언급하신 내용이 매우 의미심장하다. 주님은 세상과 대적을 연결해 기도하셨다.

"내가 비옵는 것은 저희를 세상에서 데려가시기를 위함이 아니요 오직 악evil one에 빠지지 않게 보전하시기를 위함이니이다"(요 17:15).

세상에 대해 반응할 때 우리가 종종 빠트리는 생각은 바로 사탄이 유혹을 속삭이는 존재이며, 그 유혹으로 우리를 밀어 넣기 위해 수단 방법을 가리지 않는 적이라는 것이다. 예수님께서는 제자에게 기도를 가르치실 때에 "우리를 시험에 들게 하지 마옵시고 다만 악에서 구하옵소서"(마 6:13)라고 하셨다. 심지어 주님께서는 우리를 시험으로 밀어 넣는 상황과 환경으로부터 단순히 회피하는 것뿐 아니라 피하라고 말씀하신다(고전 6:18, 딤전 6:11, 딤후 2:22). 그러나 시험이 시작되면, 우리는 대적해야 한다(엡 6:11, 약 4:7, 벧전 5:9).

사탄은 자신을 드러내지 않는 영리함을 가지고 있다. 사탄은 뿔 달린 악마의 옷을 입고 등장하는 것이 아니라 빛의 천사를 가장해 나타난다. 사탄은 그의 심복을 '의로운 사역자'의 옷을 입혀서 보내기도 한다(고후 11:15). 속임수는 그가 즐기는 게임이다. 그는 사기꾼이다.

바울은 디모데에게 덫의 비유를 사용하고 있다. 덫은 동물들을 속여서 무언가 좋은 먹이가 있다고 생각하게 만든다. 먹이를 입으로 무는 순간 덫이 당겨져서 붙잡히고 만다는 사실을 감추고 있다. 바울은 교회 안에 어떤 이들은 '대적의 덫'에 붙잡혀 있다고 말한다. 하나님이 원하시는 것보다는 대적이 원하는 것을 따르는 이들이라고 말한다. 그들은 하나님께서 채워 주시는 것보다 먹이를 찾아가다가 잡혀 버렸다. 바울은 그 덫에서 벗어나는 방법은 '진리'라고 밝히고 있다(딤후 2:25-26). 대적의 덫에서 벗어나는 방법이 진리라면, 덫에 놓여 있는 먹이가 거짓이라는 것을 알 수 있다. 죄를 지어도 고통스럽지 않을 것이라는 거짓에 속아 넘어가고 있는 것이다.

그러나 육체에 관해서는 어떠한가? 성경에서 이 전쟁이 실제로 벌어지는 곳이 어디라고 말하고 있는가? 갈라디아서 5장에 보면 바울이 이 전쟁은 영과 육체 사이에서 일어난다고 말한다. 영과 대적 사이에서가 아니다. 야고보는 우리의 욕심에 미혹된다고 말한다. 마귀에 미혹된다고 말하지 않는다(약 1:13-15). 전투는 우리 육체의 단계에서 이뤄진다. 그렇기 때문에 육체를 정확하게 정의할 필요가 있다.[6] 세상이라는 단어처럼 육체도 여러 다른 의미로 사용된다. 헬라어와 영어로 '육체' sarx라는 단어를 찾아보면 8가지의 다른 의미가 나타난다.[7]

성경학자가 아닌 보통사람들이 이 말을 들으면 겁먹을 수도 있겠지만, 한 가지의 주요한 의미에서 곁가지로 등장하는 의미들이니 너무 염려하지 않아도 좋다. 주된 의미는 시간과 공간 안에서 살아가는 물질적인 몸을 가진 인간에 대한 표현이다. 육체는 몸, 피, 살 뼈들의 관계를 의미한다. 그러나 우리에게는 단순한 몸 이상의 것이 존재한다. 우리에게는 각자의 정체성을 이루는 인격이라는 것이 있다. 인격은 우리로 생각하고, 느끼고, 결정을 내리게 한다.

육체는 이 모든 것들의 총체적인 의미이다. 단순히 인간을 표현하는 말이기도 하다. 문제는 육체가 연약하다는 데 있다. 하나님과 관계없이 작동할 수 있도록 만들어졌다. 우리 안에서 일하시고 하나님께 온전히 순복하도록 이끄시는 하나님의 영에 대적하는 존재이다(갈 5:16-17).

우리는 또한 하나님의 형상으로 창조된 영적인 존재이다. 이것이 인간이 된다는 것에서 중요한 부분이다. 진정 인간이 되기 위해 계속적으로 어떤 공급을 받아야 한다. 몸은 물과 음식이 필요하다. 참된 인간이 되기 위해 우리의 인성은 존중과 환대를 받아야 한다. 우리는 사랑하고 사랑받을 필요가 있다.

영적인 존재로서 우리는 하나님과의 관계가 필요하다. 그것은 야고보가 우리의 소욕에 이끌린다고 표현했던 그 갈망이다. 우리는 갈망하고 있는 것을 얻어야 하는 필요가 있다. 이것은 창조주의 의도이다. 이 필요와 갈망은 죄가

들어오기 전 에덴 동산에서도 나타난다. 갈망은 나쁜 것이 아니다. 그것들은 죄된 성품에서 나온 것이 아니다. 하나님께서 아담과 하와를 만드셨을 때에도 거기 있었다.

그러나 대적은 하나님께서 원래 창조하신 방식이 아닌 다른 방법으로 그 갈망을 해소하게 만든다. 우리는 어떻게 인류의 문화가 영적인 것들을 밀어내고 있는지 주목해야 한다. 그래서 오늘날 크리스천의 성장과 성숙은 세상 속에서 참으로 요원하다. 비슷한 방식으로, 세상은 우리의 육체가 하나님을 떠나 사는 것을 지지한다. 아담과 하와가 하나님과의 관계를 잃어버린 이후로, 하나님과 떨어진 삶에서 목적과 정체성을 발견해야만 했다.

하나님과 분리된 채 우리의 삶을 살아내는 것은 인간의 문화가 타락해 가는 지름길이었다. 문화는 단순히 정의하면 "인간의 행동을 배우고 나누는 것"이다.[8] 인류가 살아가는 방식은 누군가로부터 배운 것이다. 인간은 동물과는 달리 원초적인 행동이 거의 없이 이 땅에 태어난다. 동물들은 원초적인 본능이 탁월하다. 우리는 행동방식을 배워야 할 뿐만 아니라 가르쳐야 한다. 동물들은 그렇게 할 수 없다. 예를 들어 개에게 눈 먼 사람을 이끄는 방법을 가르칠 수는 있지만, 그 개가 다른 개들을 위해 책을 쓸 수도 훈련학교에 보낼 수도 없다. 개들의 모든 세대는 짖는 것부터 시작해야 한다. 그러나 인간은 읽고 쓰고 그들이 배운 것을 가르칠 수 있다. 그 결과 문화라고 불리는 것이 생산되는 것이다. 문화는 배우고 행동한 것의 산물이다. 좋은 것이든지 나쁜 것이든지 한 세대에서 다음 세대로 전수되고 결국 모두의 유산이 된다. 오늘날 현대 문화들은 전 세계의 모든 사람들과 공간에서 가르치고 나눈 것들의 결과이다. 그 문화 속에는 성경에서 세상이라고 부르는 악이 전수되어 주요한 부분을 차지하고 있다.

대부분의 사회의 우선순위는 그네들의 문화에 대한 믿음과 현실을 받아들이는 사람들에게 있다. 사회적 기대치에 적합한 사람이 사회에서 받아들여지고 인정받는다. 이것을 동료집단으로부터 받는 사회적 압력이라고 한다. 이것이 사회 속에서 선한 것을 촉진시키는 기능을 한다고 생각하지만, 또한 악한 것도 촉진하고 있다.

원시적인 사회에서 이런 압력은 민족이나 나라마다 비슷한 특징을 가진다. 문명이 발전할수록, 사는 방식은 점점 도시화되고 다양한 하위 문화가 형성된다. 그러면서 동질화되어야 하는 사회적 압력은 전체 사회에서라기보다는 하위 문화로부터 오게 된다. 현대사회에서는 "나도 사회규

범을 좀 어길 수만 있다면 좋겠다"라는 외침이 들려온다. 그것은 우리를 억누르는 하부 문화에서 자유롭고 싶다는 외침인 것이다. 성경에서 '세상'이라고 말하는 것에 함축되어 있는 의미이다. 참된 창조주이신 하나님으로부터 멀리 떠나 이 세상의 신에게서 모든 필요와 갈망을 채워야 하는 불행한 세상을 의미하는 것이다. 세상의 문화적 시각에서는, 하나님은 우리의 문화를 떠나셨다. 하나님은 하늘에 거하시며 땅과 그다지 연락하시지 않는다. 또는 다른 신들로 대치되어 있다.

세상은 사탄이 제안하는 것으로 우리의 필요와 갈망을 해결하라고 한다. 사람들은 이러한 방식으로 그들의 필요를 미친 듯이 해소하고 있다. 그것은 절대로 창조주 하나님의 뜻이 아니다. 대적의 바라는 바일 뿐이다. 야고보는 우리에게 '갈망'을 따르지 말라고 말한다. 갈망의 소용돌이에서 빠져나올 수 있는 가능성은 인간의 기본적인 필요에 있다. 그러나 그것은 올바르지 않은 필요나 갈망이 아니다. 여기서 사용된 단어는 다른 곳에서 매우 긍정적인 의미를 함축하고 있는 단어이다(마 13:17, 눅 22:15, 빌 1:23, 살전 2:17). 그것은 우리의 생각 속에서 부정적인 의미가 추가된다. 세상에서 제공된 기준을 통해 갈망과 필요를 해결하려고 하는데, 잘못된 것은 갈망 그 자체가 아니다. 잘못된 것은 그 갈망을 해소하기 위해 시도했던 방식들이다. 예수님께서 기도 가운데 시험과 기질을 연관시키셨을 때, 제자들에게 가르치셨던 내용이다(마 6:9-13).

우리는 갈망에서 헤어나오는 것이 의미하는 바를 살펴볼 필요가 있다. 이 전략 뒤에서 조종하고 있는 것은 사탄이다. 그야말로 우리가 진정한 필요를 해결해야 할 때, 우리를 속이는 차선책을 보여 주면서 헤어나오게 하는 존재이다.

그래서 세상과 육체와 대적에 대해 이야기할 때, 세 가지가 하나는 아니지만 모두 따로 보아서는 안 된다. 대부분의 경우에 그것은 독자적으로 움직이지 않고 함께 일한다. 그것들 중 다스리는 일을 하는 것만 강조해서는 안 되고, 세 가지를 함께 대항할 수 있는 전략이 필요한 것이다.[9]

우리는 모두 근본적인 필요를 가지고 있다. 이 모든 필요가 세상과 육체와 대적에 의해 만족되는 것인가 아니면 그리스도에 의해 만족되고 있는가 하는 것이 질문이다. 영광의 풍성함으로 우리의 모든 필요를 만족케 하시기로 약속하신 그 분에 의해서인가 하는 것이다(빌 4:19). 나Neil는

〈그리스도 안에서 자유한 삶〉Living Free In Christ 이라는 책을 통해 예수님께서 우리의 갈망과 필요를 어떻게 해결해 주시는지를 설명했다. 우리가 받아들여지고, 안전하고, 존중받기 원하는 갈망들을 예수님께서 해결해 주신다.

그리스도 안에서 받아들여진 나는 …….

나는 하나님의 자녀이다(요 1:12).

나는 예수님의 친구이다(요 15:15).

나는 의롭게 되었다(롬 5:1).

나는 주님과 하나가 되었다(고전 6:17).

나는 값을 치르고 하나님의 소유가 되었다(고전 6:19-20).

나는 예수님의 몸에 속하였다(고전 12:27).

나는 성도이다(엡 1:1).

나는 하나님의 자녀로 귀속되었다(엡 1:5).

나는 성령님을 통해 하나님께 직접 나아갈 수 있다(엡 2:18).

나는 내 모든 죄를 용서받았다(골 1:14).

나는 그리스도 안에 완전하다(골 2:10).

그리스도 안에서 안전한 나는 ……

나는 모든 정죄로부터 영원히 자유하다(롬 8:1-2).

나는 모든 일에 합력하여 선을 이루게 될 것이다(롬 8:28).

나는 나를 대적하는 정죄로부터 자유하다(롬 8:31-34).

나는 하나님의 사랑에서 끊어질 수 없다(롬 8:35-39).

나는 완성되고 기름부음 받았으며 하나님께 인치심을 받았다(고후 1:21-22).

나는 내 안에서 시작된 하나님의 선한 일이 완성될 것을 확신한다(빌 1:6).

나는 하나님 나라의 시민이다(빌 3:20).

나는 하나님 안에서 그리스도와 함께 숨겨진 자다(골 3:3).

나는 두려워하는 마음이 아니라 사랑과 능력과 근신하는 마음을 가진 자이다(딤후 1:7).

나는 필요가 있을 때마다 은혜와 자비를 얻는 자이다. (히 4:16)

나는 하나님에게서 났고, 대적은 나를 건드릴 수 없다(요일 5:18).

그리스도 안에서 존귀한 나는 ……

나는 세상의 소금이다(마 5:13-14).

나는 참 포도나무의 가지이고 열매를 맺는다(요 15:1, 5).

나는 열매를 맺도록 선택되고 지명되었다(요 15:16).

나는 그리스도의 증인이다(행 1:8).

나는 하나님의 성전이다(고전 3:16).

나는 하나님과 화목케 하는 일꾼이다(고후 5:17-21).

나는 하나님의 동역자이다(고후 6:1).

나는 하늘 보좌에 예수님과 함께 앉는다(엡 2:6).

나는 하나님의 작품이다(엡 2:10).

나는 자유와 확신으로 하나님께 나아간다(엡 3:12).

나는 내게 힘주시는 그리스도 안에서 모든 것을 할 수 있다(빌 4:13).

보험회사의 대표로 일하는 한 친구는 이런 문장으로 유명해졌다. "사람들은 변한다. 그러나 많이 변하지는 않는다." 그의 요지는 사람을 채용할 때 그들이 어떻게 될 것인지를 보지 말고 현재의 모습을 보라는 것이었다. 왜냐하면 자신이 변하기 위해서 요구된 것들을 해내는 사람은 많지 않기 때문이다. 그는 사람들의 세태를 잘 지적해 내긴 했으나 사람들은 변할 수 있다. 바울은 "마음을 새롭게 하라"고 말하고 있다(롬 12:2).

영적 전쟁에 있어서, 대적이 어떤 사람들에게는 변화가 없다고 확신하게 한다. "나는 원래 그래." "다른 사람들은 그럴지 몰라도 나는 안 돼"라고 말하는 사람들이 있다.

사탄이 속이는 자라는 것을 기억하라. '나는 할 수 없다'고 생각하는 것은 하나님께서 하라고 하신 것을 속이는 대적의 거짓말이다. 하나님께서는 우리가 할 수 없는 것을 시키지 않으신다. 하나님께서는 우리에게 몇 가지 일에서만 승리자가 되라고 하지 않으신다. 사탄의 공격에 대적할 힘이 없다고 말씀하지 않으신다. 하나님은 우리가 "넉넉히 이길" 것이라고 말씀하신다(롬 8:37).

바울은 주님이 힘을 주시면 몇 번은 승리할 것이라고 말하지 않는다. 그는 "우리에게 힘주시는 그리스도 예수 안에서 모든 일을 할 수 있다"고 말한다(빌 4:13). 문제는 우리가 참으로 믿는 대로 산다는 것이다. 우리가 할 수 없다고 믿는다면 우리는 시도조차 하지 않을 것이다.

사탄은 이런 술책을 써서 많은 사람들의 영적 성장과 성숙을 막고 있다. 대적이 제안할 때 우리는 잘 듣는다.

"영적 승리와 열매 맺는 것은 저 사람들은 할 수 있어. 하지만 나는 너무 약해. 나는 믿음이 너무 작아." "사탄이 내 수를 다 읽고 있어. 그는 내가 이 영역에서 이길 수 없다는 것을 알고 있을 거야." "느낌이 안 좋아. 내가 맞게 가고 있다면 이렇게 느끼지는 않을 거야. 난 위선자일까."

사탄이 이런 생각들을 넣어 주고 있다면 주목하라. 만

약 정말 무엇인가를 믿게 되었다면 당신은 그 믿음대로 행동하게 될 것이다.

아마도 당신은 이 지점에서 이런 질문을 할 것이다.

"사탄이 내 마음에 생각을 집어넣었다구요? 내가 그렇게 하도록 사탄이 만들었다고 말하는 게 더 맞지 않나요?"

첫 번째 질문에 대한 대답은 "Yes"이다. 사탄이 우리의 마음에 생각을 넣는다고 말하는 것이다. 두 번째 질문은 "NO"이다 사탄이 나를 그렇게 하도록 만든 것이 아니다. 성경에 보면 사탄이 다윗의 마음에 생각을 넣었다고 나온다(역상 21:1). 유다에게도(요 13:2), 아나니아에게도 그랬다(행 5:3). 대적은 심지어 예수님의 마음에도 생각을 넣었다. 어느 날 예수님의 마음에 이런 생각이 찾아온 것이다. "만약 네가 사탄을 경배하면, 이 세상의 모든 나라를 다 얻게 될 거야." 예수님께서 이런 생각을 하시다니 얼마나 끔찍한가. 이 생각이 어디로부터 온 것일까? 명백하게 예수님의 생각은 아니다. 그를 유혹하기 원하는 대적이 넣은 생각인 것이다.

"그러나"라고 당신은 말할 것이다.

"사탄이 문자적으로 광야에 나타난 것이 아니었나요? 사탄이 우리를 유혹하는 것과는 좀 다른 것이 아닐까요?"

성경은 예수님께서 우리와 "한결같이 시험을 받으셨다"고 말하고 있다(히 4:15). 대적은 여전히 영적인 존재이고, 영과 인간의 대화였다. 바로 그것이 유혹이 일어나는 방식이다. 예수님께서는 우리가 시험받은 그대로 시험을 받으셨다. 예수님께 일어난 일이었다면 우리는 우리에게 일어나고 있는 일을 믿어야 할 것이다.

유혹을 받는 것은 죄가 아니다. 우리는 유혹을 생산할 수 없다. 그러나 유혹을 이길 수는 있다. 그래서 "사탄이 나를 그렇게 하도록 만들었어요"라는 말은 틀렸다. 우리는 언제나 우리의 마음이 따라간 것에 대해 책임져야 한다. 주변을 맴돌고 있는 사탄이 우리를 자극해 행한 모든 것에 대해서도 책임져야 한다. 그러나 이 과정에 사탄이 존재한다는 사실을 부인한다면 유혹을 이겨내는 일에서 가장 중요한 요소를 놓치는 것이 된다.

물론 유혹을 하는 것만이 사탄의 참모습은 아니다. 사탄은 단순히 한 타락한 천사에 불과하다. 사탄은 우리에게 하나님처럼 무소부재의 존재로 나타나고 싶어한다. 그러나 사탄은 명백하게 아니다. 우리는 그에게 신적 속성을 부여해서는 절대로 안 된다. 사탄은 타락한 천사들의 지휘 체계에 의지해 사악한 음모를 전달할 뿐이다.

마틴 루터의 유명한 고백이 있다.

"이 땅에 마귀 들끓어 우리를 삼키려 하나, 겁내지 말고 싸워라. 하나님께서 우리를 통해 승리하실 것이다."

타락한 천사인 사탄과 그의 졸개들은 '세상' 어디에나 있다. 그러나 그것이 우리를 두렵게 할 수 없다. 하나님께서 우리에게 그들의 속임수를 대항하는 최고의 방어무기, 진리를 주셨기 때문이다.

대답은 둘 다이다

우리는 영적인 전투 가운데 있다. 그리고 우리는 이 장을 시작할 때 질문했다. "영적 전쟁인가 아니면 단순히 케케묵은 문제인가?" 대답은 "둘 다"이다. 그것들은 함께 존재한다. 만약 사탄이 문제를 일으키지 않으면, 그 일이 가져오는 유익을 훔쳐가려 할 것이다. 이 타락한 세상에서 사는 것은 사탄이 새롭게 시작한 문제가 아니어도 너무나 많은 시련이 찾아오게 마련이다. 그러나 사탄은 기회주의자이다. 사탄은 마침 일어난 문제를 가지고 더 악화시킬 것이다. 당신이 그 일을 이겨내서 그리스도 안에서 승리자처럼 행동하는 것을 보려고 하지 않기 때문이다.

전쟁은 우리의 마음에서 일어난다. 거짓과 싸우는 진리의 전쟁이다. 만약 우리가 그 전쟁을 이긴다면 다른 모든 전쟁을 이길 수 있다.

3장

성경적 세계관으로 바라보기

"너희는 이 세대를 본받지 말고 오직 마음을 새롭게
함으로 변화를 받아 하나님의 선하시고 기뻐하시고
온전하신 뜻이 무엇인지 분별하도록 하라"(롬 12:2).

성경적인 세계관은 마음을 새롭게 하는 데 있어 필수적이다.

영적 전쟁을 이해하고 전투를 승리로 이끄는 데 있어

없어서는 안 될 요소이다.

모든 사람은 믿음으로 산다. 크리스천과 크리스천이 아닌 사람들에게 차이가 있다면 믿음의 문제일 뿐이다. 크리스천들은 하나님과 그의 말씀을 믿기로 선택한 것이다. 그러나 실상은 우리가 그리스도에게 나아가기 전에도, 항상 무언가를 믿어 온 것이다. 어렸을 때부터 크리스천이었다고 해도, 우리는 자신과 세상에 대한 어떤 태도와 믿음-세계관-을 발전시켜 간다. 이러한 작용은 그것이 일어나고 있다는 사실을 깨닫기도 전에 일어난다. 완전한 크리스천 가정에서 자라난다 할지라도, 우리가 살고 있는 세상의 성경적인 이해를 갖기란 참으로 어려운 것이다.

　제임스 시어가 쓴 〈기독교 세계관과 현대사상〉The Universe Next Door이라는 책에 보면 "세계관이란 세상을 구성하고 있는 기본적인 요소에 관해 의식하든지, 의식하지 않든지 우리가 붙잡고 있는 전제나 가설"[10]이라고 정의한다. 이러한 전제나 가설은 필터처럼 우리 주변의 모든 것에 어떤 의미를 부여하는 기능을 한다.[11] 시어가 말하고 있는 것처럼 이것은 의식하지 않는 단계에서 일어난다.

우리 대부분은 세계관을 갖는다는 것에 대한 관심조차 없다. 우리가 자라난 문화 속에 흡수되어 있기 때문이다. 우리가 자라난 기후와 같아서 한 번도 고려해 보지 않은 것이다. 우리는 삶에 일어나는 사건에 대해 중요한 판단을 내리곤 하는데, 그 판단은 성경과는 거리가 먼, 잘못된 세계관에 근거할 가능성이 크다.

이것을 발견할 수 있는 가장 좋은 방법은 우리가 자라난 곳의 세계관과 매우 다른 세계관을 가진 땅에서 살아보는 것이다.

나(Tim)는 1956년에 선교사로 파송을 받아 서부 아프리카에 갔다. 아내와 나는 전형적인 부족 마을을 섬기기 시작했다. 우리는 그 마을에서 유일한 외부인이었다. 부족 사람들은 영적인 세계에 대한 믿음이 강한 정령신자들이었다. 이 말을 들은 어떤 사람들은 우리에게 이렇게 말한다.

"거기서 많은 영적 전쟁을 경험하셨겠군요."

나의 대답은 언제나 "아니오"이다. 내가 그런 것을 보았을지라도 전혀 인식하지 못했다. 나는 좋은 크리스천 대학을 졸업했고 우수한 신학교에서 신학 학위를 받았다. 거기에 더해 미국의 유명한 대학교에서 더 높은 학위까지도 받았다. 그러나 이 모든 교육과정에서 만난 어떤 사람도 세계관이라는 개념을 이해시켜 주지 않았다. 내가 가진 세계관이 어떠하며, 내가 섬겨야 하는 사람들의 세계관이 어떠한지에 대해 아무도 가르쳐 주지 않았던 것이다.

　나는 전형적인 서구인이었다. 서구의 기준에 따라 잘 양육되었으나, 어떤 신학교육도 다른 세계관, 특별히 영적인 세계에 대한 믿음을 가진 이들을 만났을 때 어떻게 행동해야 하는지 가르쳐 주지는 않았다.

　그 결과, 아프리카인들이 영적인 행동에 대해 이야기하면 내 생각의 필터에서 그것은 미신이라고 치부해 버렸던 것이다. 그것이 내가 아프리카에서 영적 전쟁을 인식하지 못했다고 말하는 이유이다. 영적 전쟁은 분명히 존재했지만 나의 서구적 세계관의 필터가 그것을 왜곡시켜 버렸던 것이다.

　문제는 아프리카인들이 말하고 행동한 것이 아니라 다른 곳에서 발생하곤 했다. 선교사들끼리 말하고 행동하는 데에서 사건이 발생하곤 했다. 서구의 선교사들은 인간적 차원에서 모든 문제를 해석했다. 영적 전쟁은 대부분 눈으로는 보이지 않는 선교사들의 관계나 행동 가운데 벌어졌다.

서구적 세계관 속에는, '좋은' 크리스천이라면 제 아무리 마귀라도 건드릴 수 없다고 확신하려는 경향이 있다. 크리스천이 사탄과 마귀들을 대하는 가장 좋은 방법은 그들을 무시하는 것이라고 생각한다. 성경에서 사탄을 모른 척하라고 가르치지 않음에도 우리는 그렇게 해왔다. 이것이 바로 서구의 세계관이 우리를 이끌어가고 있는 방향이다.

성경은 오히려 마귀를 대적하라고 말한다. 헬라어로 '대적하라'는 단어는 에베소서 6장 13절, 야고보서 4장 7절, 베드로전서 5장 9절에 동일하게 쓰이고 있으며, '좋은' 크리스천에게도 예외는 아니다. 사도 바울도 사탄의 사자가 치러 왔다고 고백하고 있다(고후 12:7). 또한 데살로니가에 방문하려는 사도 바울의 계획을 방해하기도 했다(살전 2:18).

필터로서의 세계관의 개념으로 다시 돌아가서, 우리는 서구의 세계관이라는 필터는 잘못된 것이라는 결론을 내리게 된다. 만약 그 필터가 성경의 가르침들을 근거로 세워져서 바르게 작동한다면, 우리는 세상에서의 우리의 경험을 통해 가치 있는 성도의 삶을 살게 될 것이다. 그러나 만약 그것이 바르게 세워지거나 제대로 기능하지 않고 있다면, 세상에서의 경험은 우리를 잘못되고 위험한 결론으로 이끌어 가게 된다.

그렇기 때문에 우리의 믿음이 어떠한 세계관을 가지고 있는가는 더할 나위 없이 중요하다. 하지만 교회는 그것의 중요성을 종종 잊어버린다. 교회가 넘어지는 대부분의 원인은 사탄이 꾀어 내는 작전에 성공했기 때문이다.

사도 바울이 로마의 성도들에게 말하고자 했던 요점이 바로 이것이다.

"이 세대를 본받지 말라"(롬 12:2).

본을 받는 것은 우리가 해야 할 일과 하지 말아야 할 일을 알려 주는 것이다. 우리가 경험해 온 세상의 것을 본받아서는 안 된다. 세계관의 문제에 대해 예수님은 이렇게 말씀하셨다.

"진리를 알라. 진리가 너희를 자유케 할 것이다"(요 8:32).

세계관 들여다보기

우리가 이야기하고 있는 것이 무엇인지 좀더 이해하기

위해 몇 가지 세계관들을 들여다보도록 하겠다. 이 시대의 사람들은 자신의 신조에 반대되는 상황을 마주치더라도 포용하는 것이 미덕이 되었다. 그래서 결과적으로 정확히 같은 세계관을 가진 사회를 찾아내기란 쉽지 않은 일이 되었다. 특별히 서구권에 사는 사람들은 더욱 그러하다. 한 전문적인 여론분석가는 미국인들이 아무것도 믿지 않는 것이 문제가 아니라, 모든 것을 믿는 것이 문제라고 말했다.[12] 그는 사람들이 신조와 믿음의 대치 상태를 묵인하고 포용하는 현실에 대해 언급하면서 겉으로 보기에는 너무나 합리적이고 과학적인 사고를 가진 서구의 사람들이 어느 순간 미신적인 행동을 하거나, 수도원에 들어간다는 것이다. 사람들의 믿음의 방식이 얼마나 다른지 알기 위해서라도 세계관의 차이를 이해하는 것은 도움이 될 것이다.

물신주의Animism: 영에 의해 다스려지는 세상

물신주의는 이 땅 위에 가장 넓게 퍼진 세계관일 것이다. 이것은 영적인 능력과 영적인 존재가 이 땅에 벌어지는 모든 일을 주관하고 다스린다는 믿음으로 단순히 정의된다.

이것은 문자가 나타나기 이전의 부족 사회에서 가장 명확한 형태로 이 땅에 존재했다. 그러나 문명이 고도로 발전된 현대 사회 속에서도 여전히 발견되는 형태이다. 물신주의는 세계적인 종교로 나타난 적은 없다. 왜냐하면 기독교나 이슬람교, 유대교, 힌두교처럼 어떤 형태를 가진 적이 없기 때문이다. 그것은 원시적이며, 문자가 없었기 때문에 다른 종교들처럼 '거룩한 책'도 존재하지 않는다. 종교 안에서 우주적인 문제를 심오하게 다루지도 않는다.

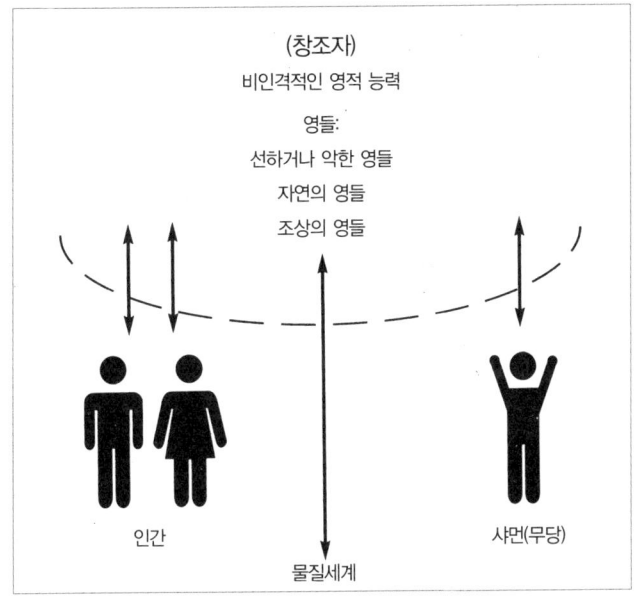

[그림 1] 물신주의 세계관

매일의 삶에 실제적인 문제와 연관되어 있으며, 부족마다 제 각각의 형태를 가진다. 그러나 그 안을 살펴보면 공통적인 한 가지 세계관으로 연관되어 있다.

대부분의 물신주의 신봉자들은 창조주나 높이 있는 신의 존재를 믿는다. 그러나 그 창조자와 그들은 전혀 만날 수 없고 연결될 수 없는 존재로 여긴다. 그래서 위 그림에서 맨 위에 있는 존재는 괄호 안에 들어 있다. 어떤 의식이나 행사에서는 언급되기도 하지만, 그 존재는 매일의 삶에 아무런 역할도 하지 않는다.

물신주의 신봉자들의 매일의 삶에 가까이 다가오는 영적 능력은 두 가지가 있는데, 첫 번째는 비인격적인 영적 능력이다. 인류학에서 '마나'라고 불리는 것인데 우주의 모든 것에 스며들어 있다고 하는 생각이다. 두 번째는 다양한 영들이다.

어떤 지역, 특별히 동방에서는 비인격적인 영적 능력을 '신'이라고 부른다. 이것은 모든 사람과 모든 사물이 이 비인격적인 신의 한 부분이라는 믿음을 갖게 한다. 그러나 대부분의 경우에 이것은 전기와 같이 어떤 능력으로 묘사된다. 선하거나 악하지 않은 존재이다. 항상 거기 있고, 강한 능력이 있다. 선하거나 악한 성향은 그 존재와 연관된 인간에게 달려 있다. 마치 전기와 같이 일정하고, 능력이 증가하거나 감소하기도 한다. 필요한 곳에 채워지기 때문에 결국 '마나'는 조종할 수 있다는 생각이다.

우리가 사는 동안 전기를 끄기도 하고 켜기도 한다. 플러그를 꽂기도 하고 전기 볼트를 연결하기도 한다. 그러나 전기를 다루는 전문가가 따로 있어야 한다. 잘못 다루면 죽기도 하는 것이 전기이다. 우리는 빛을 밝혀 주거나 모터를 돌려 주는 전기의 능력을 사랑한다. 그러나 우리는 전기가 가지고 있는 고통과 죽음의 능력을 두려워한다. 우리에게 전기 쇼크가 일어날 때, 전기가 악하다고 하지는 않는다. 우리는 그것이 그저 전기라고 인식한다.

물신주의 신봉자들은 같은 방식으로 마나를 이해한다. 윤리나 도덕이 아닌 그저 거기 존재하는 것으로 인식한다. 선하거나 악한 것은 그것을 다루는 인간에게 달려 있는 문제이다. 그래서 전기를 전문적으로 다루는 전문가와 같이 문제를 해결하는 전문가가 필요하다.

애니미즘에 있어서 그런 영적인 세계를 마주하는 사람을 샤먼(무당)이라고 부른다. 비인격적 영적 능력을 다루는 전문가이다. 모든 애니미즘 신봉자들은 매일 전기와 함께 살아가듯이 마나와 연관되어 살아가고 있다. 그러나 무언가 특별한 것 — 선한 일이든지 악한 일이든지 — 을 원할 때는 무당을 찾아간다. 왜냐하면 무당은 이 능력을 조종할 수 있는 특별한 말이나 행동, 형식들을 알고 있기 때문이다.

이러한 종류의 믿음은 세계 곳곳에서 발견할 수 있다. 어느 종교의 가르침이나 행동 양식에서도 나타난다. 예를 들면 프랑스에서 마술로 병을 치유하는 사람들이 있다. 병원을 찾기보다는 비인격적인 능력을 불러와서 치유를 일으키게 하는 것이다. 불교라는 종교가 다스리고 있는 태국의 한 대학 교수가 선교사인 친구에게 털어놓았다. 태국의 지식인들 가운데 물신주의를 믿지 않는 사람은 하나도 없다는 이야기였다. 태국 대학의 총장도 중요한 결정을 내리기 전에 이런 영들을 찾아가 조언을 듣는다는 것이었다.

이것은 물신주의 신자들을 두 번째 영적 능력을 가진 존재에게로 이끈다. 이 영들은 각각의 정체성과 기능을 가진 것이다. 그들은 마나처럼 도덕과 관계가 없지 않다. 그들은 선하고 악한 성향을 가지고 있다. 그들은 자연의 사물과 연관된 영, 또는 죽은 사람들의 영들로 여겨진다. 그들은 다양한 방식으로 보여지는 영들이다(물신주의 신자들이 종종 그런 영들이 존재한다고 믿지 않더라도 그들의 믿음의 방식은 그들의 행동을 조종하고 있다. 우리는 사탄이 속이는 자이고 사람들을 진리로부터 떠나게 하려고 한다는 사실을 항상 기억할 필요가 있다).

물신주의 신자들은 인간이 영들을 조종할 수 있다고 생각한다. 인간들은 그 영을 조종하기 위해 어떤 말을 하거나 행동을 해야 할지 알고 있다. 그 조종이 항상 가능한 것은 아니다. 그렇기 때문에 물신주의 신자들은 영들을 화나게 할까 봐 항상 두려워한다. 그들은 또한 대적이 더 나은 주문을 걸어서, 마나의 힘이 그들을 공격하게 하지 않을까 걱정한다. 진정한 물신주의 신자는 삶의 모든 것이 영적인 세계와 연관되어 있다. 초자연적인 것에 최대한의 주의를 두면서 살아가는 사람들이라고 말할 수 있다.

물신주의 신자들로서는 사탄의 행동이나 대적의 졸개들이 등장하는 성경의 이야기가 그들의 세계관의 필터를 통해 해석된다. 성경시대를 살아가던 사람들의 세계관은 지금 세속화된 서구 세계관보다 훨씬 물신주의에 가까웠다는 것을 기억해야 한다.[13]

서구의 세계관

서구의 세계관이라는 것은 존재하지 않는다. 실제로 서구는 너무나 다양한 문화가 섞여 있어서 살고 있는 지역에서 동의하는 어떤 믿음의 방식을 찾을 수는 없다. 그러나 서구에서 자라난 사람들이 가지는 세계관이라고 불릴 만한 어떤 것들이 있다.

서구의 어떤 사람들은 하나님의 존재를 아예 부인한다. 어떤 사람들은 하나님이 세상을 창조하신 것을 부인하기도 한다. 이것들이 그들의 세계관에서 중요한 가설이다. 고민할 여지도 없이 명백하게 성경적이 아닌 세계관을 가

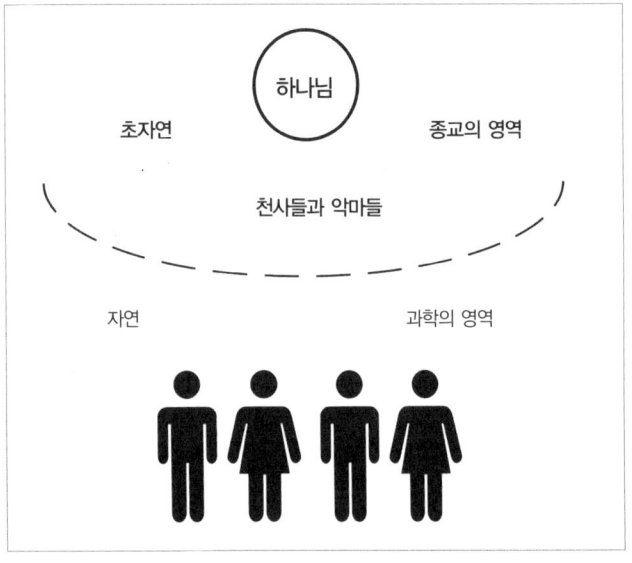

[그림2] 서구 세계관

지고 있다. 그러나 이런 사람들이 생각하는 세계관이 교회 안에서 종종 등장해 문제를 일으킨다. 하나님의 창조성에 대한 문제이다. 어떤 사람들이 하나님을 믿는다고 말하고 하나님의 창조를 믿는다고 하지만, 그것이 성경적인 세계관을 가지고 있다는 보장은 아닌 것이다.

서구의 세계관은 명확히 두 개의 영역으로 분리된다. 초자연적인 영역과 자연적인 영역이다. 초자연적인 영역에는 하나님을 포함한 모든 영적인 존재들을 둔다. 그들은 초자연적이고 과학적 사고가 지배하는 자연의 영역에는 맞지 않기 때문이다. 이곳에는 자연적인 것은 전혀 존재하지 않고 거대한 틈이 두 영역 사이에 존재한다고 믿는다. 단순한 분리가 아니라 건드릴 수조차 없다. 영적인 문제는 삶을 이해하는 데 불필요하다고 여긴다. 그러한 영역에 대한 교육은 필수가 아니다. 교육의 과정에 가치 없게 여겨진 종교는 학교를 떠나야 했다.

자연적인 영역은 과학의 법칙에 의해 통치된다. 하나님께서는 세상을 만드시고 그것을 다스리는 법을 이 땅에 두시고 하늘로 올라가서 보좌에 앉으셨다. 그리고 땅에서 일어나는 일에는 거의 간섭하지 않으신다. 때때로 우리는 '기적'을 경험하지만 단지 예외일 뿐 법칙이 아니다.

미국의 공공교육에서 종교와 과학은 서로 관계가 없는 전혀 다른 영역이라고 가르친다. 크리스천의 신앙만큼은 교육에서 제외되어야 하고, 학교 내에 오히려 다른 종교들이 이름만 바꾸어서 들어오는 것을 허락하고 있다. 다른 종교는 문화의 일부로 취급하고 복음적인 신앙은 현대 서구 세계관의 눈으로는 권위주의로 가득 찬 구닥다리 종교로 보이는 것이다.

이 세계관의 바탕에서는 이런 질문을 하곤 한다.

"그것이 종교의 문제인가 아니면 과학의 문제인가?" "사탄 때문인가 아니면 육체의 문제인가?" "영적인 한 개인의 일인가 아니면 물리적인 대중의 일인가?"

내가 가장 많이 듣는 질문은 이것이다.

"저 사람이 영적인 문제인지, 육체적인 문제인지 어떻게 구별합니까?"

이 질문에 나는 이렇게 대답한다.

"어리석은 세계관에 근거한 어리석은 질문입니다."

하나님은 나를 영과 육을 가진 존재로 만드셨다. 나의 모든 부분이 서로 조화를 이루고 얽혀서 온전한 존재가 된다. 그 말은 육체body와 혼soul과 영spirit을 모두 일컫는 것이다. 내 혼을 과학적으로 설명하는 부분으로만 제한할 수 없다. 내 혼은 하나님의 형상을 담고 있다. 그 빛 가운데서만 온전히 그 형태를 이해할 수 있다. 내 몸과 혼과 영은 계속적으로 서로 교통한다. 오직 이렇게 왜곡되어 버린 서구적인 세계관만이 하나님과 영적인 세계에 대한 관점 없이 삶을 설명해 내려고 애쓴다.

잘못된 세계관은 우리의 삶과 우리가 살고 있는 세상에 대해 잘못된 결론을 이끌어 낸다. 하나님께서 물론 기적을 베푸실 수도 있지만, 육체적인 문제를 영적으로 풀려고 하는 것은 좋은 해결방법이 아니다. 영적인 문제를 육체적으로 풀려고 하는 시도는 절대 성공할 수 없다. 몸이 아플 때 약을 먹는 것은 추천할 만한 방법이다. 그러나 영혼의 문제를 알약으로 해결할 수는 없다. 성경적인 세계관은 목회자뿐만이 아니라 의사들에게도 필요하다.

100여 년 전의 서구 문화를 돌아보면, 지금의 현실과는 꽤나 다른 양상을 발견할 수 있을 것이다. 서구 유럽의 대학에서 신학은 '과학의 여왕'으로 불렸다. 모든 지식은 성경 속에 드러난 진리에 의해 검증되었다. 오늘날에는 이미 드러난 진리들까지도 대학이라는 현장에서 무시당하고 있다. 당시에는 하나님께서 세상을 만드셨고, 하나님은 만물과 성경을 통해서 말씀하신다고 여겼다. 오직 하나님의 일과 인류를 향한 계시를 바라볼 때만이 세상이 올바로 해석되었다.

합리주의가 등장하면서 계시를 부인하려는 철학자들의 목소리가 높아 갔다. 그들은 초자연적인 능력이나 존재와의 관계는 별로 중요하지 않다고 주장했다. 그들이 중요하게 여긴 것은 단지 그 존재가 합리적인가 하는 것이었다. 결국 과학의 혁명이 일어나면서, 진리를 발견하는 데 있어서 과학적인 방법론만이 중요하고 신적인 계시는 부차적인 것이라고 결론을 지었다. 게다가 진화론과 철학이 만나면서 '세계는 창조되기보다는 진화되었다'는 믿음을 가지게 되었다. 하나님의 계시의 창구를 더 이상 열어 두지 않는다.

합리주의적인 세계관은 이 땅에서 누릴 수 있는 하나님과의 관계를 삭제해 버렸을 뿐만 아니라, 마귀들과 천사들에 대한 생각까지도 지워버렸다. 합리주의적 사회에서는 그러한 영적인 존재에 대해 아무 생각도 설명도 없다. 이 세계관은 서구의 세계에 흡수되었고, 신학자들과 목회자들도 영향을 받게 되었다. 유명한 신학자 존 몽고메리는 이렇게 말하고 있다.

합리주의적 세계관이 번져간 18세기 이후로 포스트-크리스천이 되어버린 성직자들은 세속적인 경계선까지 생각하도록 훈련되었다. 불신앙의 총을 맞고, 초자연적인 것이 신비주의로 순진하게 넘어가버리는 동안 세속화된 성직자들은 그들의 입지를 세우기 위해 모든 초자연적인 요소들을 제거하고 가볍게 움직이기 시작했다. 그 결과 세속화라는 최악의 결과가 찾아왔다. 잃어버렸던 초자연이라는 가방에서 이 현대신학이 가장 먼저 꺼내든 것은 귀신론이다.[14]

세속화된 서구 세계관이 잠입해 들어온 서구의 교회들 속에 더 이상의 영적 전쟁이 벌어지지 않는 것은 놀라운 일이 아니다 고등 교육을 받은 크리스천들의 삶에서도 마찬가지이다.[15] 영적 전쟁을 다루는 일에 있어서 세계관이 왜 그렇게 중요한 주제인지를 분명히 보여 주는 대목이기도 하다.

성경적인 세계관

구약에서 발견되는 많은 국가들의 세계관과 신약에서 볼 수 있는 로마와 헬라의 세계관은 물신숭배사상Animism과 다신주의Polytheism가 결합된 형태이다. 그래서 이스라엘과 초대교회들은 항상 잘못된 신앙과 형식들과 싸워야 했다. 우리가 받아들여야 하는 세계관은 사도들과 선지자들을 통해서 배울 수 있다.

성경적인 세계관은 세 개의 영역으로 구분할 수 있다. 하나님이 계시는 영역, 천사들의 영역, 사람과 만물의 영역이다.[16] 이러한 영역들은 공간적인 영역을 말하는 것이 아니라 존재의 영역을 말한다. 하나님은 어떤 공간적인 영

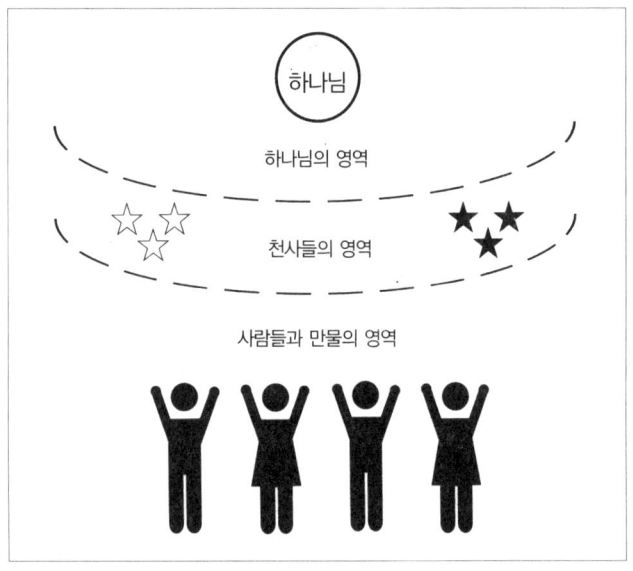

[그림3] 성경적인 세계관

역에서 제한받으시는 분이 아니다. 하나님은 어느 곳에나 거하실 수 있다. 그러나 하나님은 천사들이나 마귀들과 함께 있는 영역이 아닌 하나님만의 차원으로 구분해 드려야 하는 존재이다.

어떤 크리스천들은 사탄을 너무나 두려워해서, 하나님과 같은 존재로 묘사하기도 한다. 어떤 이들은 심지어 사탄을 하나님과 상대해 싸울 수 있는 존재로 여기기도 한다. 하나님은 영원한 선이고 사탄은 영원한 악인 것처럼 말이다. 사탄은 영원한 존재가 아니다. 사탄은 타락한 천사이고 그에게 신적인 요소를 부여해서는 절대로 안 된다.

천사들의 영역은 서구의 사람들에게는 문제가 되는 영역이다. 세상의 한 부분인 영적인 존재를 인식하는 것을 그들은 반기지 않는다. 그러한 존재는 합리적이고 과학적인 그들의 사고체계에 대치되는 것이기 때문이다. 그래서 모든 영적인 존재들을 초자연적인 영역으로 넘겨버렸다.

그러나 하나님의 손으로 창조된 이 세상 가운데, 천사들은 다양하게 존재하고 있다. 세라핌, 스랍들, 천사장, 정사principality, 권세power 등이 있다. 성경에는 다양한 기능을 하는 천사들을 지칭하는 단어가 12-13개 정도 된다. 하늘에서 하나님을 예배하기도 하고, 하나님의 명령을 이 땅의 사람들과 만물들에게 전달하기도 한다. 하나님의 손에서 시작된 선한 구조였음이 명백하다. 하나님의 눈에 선했을 것이다.

불행하게도 "보시기에 좋은 상태"가 유지되지 않았다. 최고의 지위에 있던 한 천사가 하나님과 그의 권위에 도전하고 반역을 일으키기로 결정했기 때문이다. 우리는 정확하게 어떠한 일이 일어났는지 이야기할 수 없다. 그러나 루시퍼가 하나님과 동등해지려고 했다는 내용이 나타난다. 그는 천사들에게 그의 반역에 동참하길 종용했다. 우리는 그들을 '타락한 천사들'이라고 부른다. 우리는 종종 사탄이 하나님과 같아지려고 애쓰는 것을 보게 된다. 사탄이 예수님께 경배하라고 요구하는 장면에서도 볼 수 있다(눅 4:5-7).

사도 바울은 "불법의 사람 곧 멸망의 아들이 나타나기 전에는 이르지 아니하리니 저는 대적하는 자라 범사에 일컫는 하나님이나 숭배함을 받는 자 위에 뛰어나 자존하여 하나님 성전에 앉아 자기를 보여 하나님이라 한다"라고 말하고 있다(살후 2:3-4). 사탄은 하나님처럼 되려고 하는 엄청난 야망을 가지고 있다. 사탄은 이제 결코 그렇게 될 수 없다는 사실을 알고 있다(계 12:12). 그리하여 사탄은 하나님의 창조물들을 파괴하는 일에 열을 올리고 있다.

무엇이 문제인가?

사탄이 가진 가장 큰 문제는 하나님께서 모든 영광을 취하신다는 사실과, 자기가 취할 영광은 하나도 없다는 것이다. 사탄은 자신을 위한 영광을 훔쳐 내려고 한다. 하나님의 보좌 앞에서는 어떤 공격도 실행할 수 없는 상황이다. 그러나 사탄은 이 땅에 사는 사람들을 흔들어서 어느 정도 만족을 얻으려고 한다. 대적은 사람들이 삶을 통해서 하나님께 영광을 드리는 것을 막으려고 한다.

선택된 백성, 이스라엘에게 하나님은 십계명을 지키도록 명령하셨다. 하나님의 이름을 망령되이 일컫지 말라고 하셨다(출 20:7). 우리는 이것을 주님의 이름을 헛되게 사용하거나 모독하는 것을 금지하는 것이라는 의미로 이해한다. 물론 그런 의미도 있지만, 이것은 하나님께서 사람들을 그의 자녀로 부르셨고, 그 자녀답게 살아 내는 것을 의미하는 것이다. 만약에 우리가 그리스도를 구주로 고백하면서 악한 자를 위해 산다면, 그것은 우리의 고백을 부인하는 것이고 하나님의 이름을 더럽히는 행동인 것이다.

이스라엘은 "이스라엘의 하나님을 알지 못하는 이방인―열방의 나라들" 속에서 살았다. 그 시대에 이스라엘에 있어서 가장 기본적인 복음전파의 원리는 하나님을 신뢰하고 순종하는 모습을 이방 나라들 가운데 나타내는 것이었다. 하나님은 이스라엘을 통해서 이방 나라들에 자신을 보이기 원하셨다. 이방인들이 이스라엘을 바라보고, "너희가 아는 하나님을 알고 싶다"라고 말하게 되는 것이다. 그러나 이스라엘은 범죄했고 하나님의 영광을 위해 살지 못했다. 이스라엘은 '하나님의 자녀'라는 이름을 헛되게 했던 것이다.

신약에서 사도 바울은 "그런즉 너희가 먹든지 마시든지 무엇을 하든지 다 하나님의 영광을 위하여 하라(고전 10:31)"고 말한다. 하나님의 자녀로 부름받고서 하나님의 영광을 위해 살지 않는 삶은 하나님의 이름을 망령되게 하는 것이고 사탄에게 만족을 주는 것이다. 하나님을 기쁘게 하는 것은 하나님을 경외하는 삶의 근본적인 동기가 된다.

그래서 영적 전쟁의 가장 중요한 요점은 사탄이 나타나는 것을 어떻게 대적하는가 하는 것이 아니다. 근본적인 전쟁은 우리의 매일의 삶을 어떻게 다스리는가 하는 것이다. 문제는 만약 우리의 세계관이 하나님이 세상을 보시는 것과 같지 않다는 것이다. 이 전쟁 가운데 사탄이 어떠한 기능을 하는지를 명확하게 볼 수 없게 되면, 우리는 혈과 육을 가지고 힘겨운 싸움을 하면서 정사와 권세와 싸워야 한다는 것은 잊어버리고 말 것이다(엡 6:12).

혼합주의의 위험성

성경적 세계관으로 바르게 세워졌던 초기 제자들의 시대에도 혼합주의적 세계관은 빠르게 교회에 수용되었다. 혼합주의는 결과적으로 만들어진 용어이다. 혼합주의에 물든 사람들은 한 가지를 믿고 있다고 말하지만 그들의 행동은 좀 다르게 나타난다. 그들의 믿는 것과 보이는 것이 다른 것이다.

예를 들면, 물신주의(애니미즘)적인 사회에서 자라난 어떤 크리스쳔에게 죄가 발견되었다고 하자. 다른 친구들이 그에게 다가가서 죄를 다루려고 하면, 그의 반응은 친구들의 돌봄에 감사하고 죄를 씻어버리기보다는, 화를 내며 용서하지 않겠다고 말한다.

"나는 내가 한 짓을 교회에 말할 거야. 물론 교회는 나를 용서해 줄 것이니까! 하지만 우리 부족은 당신들을 용서하지 않을 것이야."

그는 예수 그리스도를 주인이요 구세주라고 고백하고 믿음의 삶에서 성경말씀을 따를 것을 결단했지만, 실제 그의 행동은 부족신앙이 말씀에 대한 믿음보다 위에 있음을 보여 주고 있다. 그의 문화적 세계관은 성경적인 세계관보다 우위에 있다.

우리는 성경이 쓰여진 시대의 전쟁에 대한 세계관을 알지 못하면 성경 말씀을 온전히 이해할 수 없다. 구약성경에서 하나님과 우상들 사이에 일어난 포괄적인 전쟁이나 신약에서 드러나는 하나님의 나라와 사탄의 나라 사이에 있는 전쟁들은 진짜 전투이다. 전능하신 하나님이 전쟁의 결말을 보증하신다. 그러나 오늘날 우리가 싸워야 하는 전투는 하나님께서 주신 이성과 의지를 동원하고, 전신갑주를 입고 싸워야 하는 것이다.

성경적인 세계관은 하나님의 전능하심에 근거를 두고 있다. 하나님은 온 우주의 궁극적인 능력의 근원이시다. 사실 그분은 유일한 근원이시다. 그분은 천사들과 사람에게 능력을 위임하셨다. 능력의 근원은 주님이시다. 천사들과 사람들은 위임받은 능력을 사용할 수 있다. 하나님이 주신 능력이 없이 스스로 만들어 낼 수 있는 존재가 아니다.

다른 많은 세계관들은 또 다른 능력의 근원이 있다고 말한다. 영적인 존재들, 인격이 없는 능력, 신격화된 사람 등을 통해서 능력이 온다고 말하고 있다. 물신숭배신앙에서는 만약에 신이 있다면, 전능하지는 않을 것이라고 말한다.

서구의 세계관에서는 하나님은 계시지만 자연 세계의 제한을 받는 존재로 여겨지곤 한다. 세상을 창조하셨으나 지금은 그의 하늘 보좌에 앉아서 이 땅의 일에 별 관심을 두지 않는 분으로 생각하는 경향이 있다. 하나님이 오직 유일한 능력의 근원이라는 사실을 알면서도, 우리는 우리에게 필요한 능력을 줄 수 있는 다른 근원을 찾아 헤맨다.

예를 들면, 동부 아프리카의 한 선교본부에서 그들이 세운 교회의 리더십을 아프리카 현지인에게 넘겨주려고 하는 상황이었다. 두 사람이 후보에 올랐다. 그들 중 한 명은 교회의 리더가 되는 기회를 얻기 위해서 무당에게 찾아갔다. 이 사람의 믿음은 무엇인가? 그는 이렇게 말하고 있는 것이다.

"하나님의 능력을 믿을 수 없어요. 나는 무당이 진짜 능력이 있다는 것을 믿어요. 그래서 나는 믿음을 따라 간 것이에요."

이것이 교회 리더십의 위치에 있는 이들에게서 나타나는 최악의 혼합주의이다. 교회의 감독을 선출하는 선거에 나선 후보가 하나님께서 모든 것을 다스리신다는 믿음을 진정 받아들이지 않고 있는 것이다.

아프리카에서 이런 일들이 일어난다고 비난하고 있을 때가 아니다. 서구에서도 같은 문제가 발생하곤 한다. 성경적인 세계관을 저버리고 세속화된 세계관으로 행동하는 것을 신앙이라고 말하는 것이다. 우리는 성경을 믿는다고 말하지만, 실은 주문을 외우면서 심령의 안정감을 추구하는 것이다. 이것이 이번 장에서 다루게 된 심각한 문제이다.

결론

우리의 세계관이 영적 전쟁을 이해하는 데 있어 얼마나 중요한지 분명하게 드러났다. 하나님의 영광을 위해 사는 것과 그리스도 안에서 "넉넉히 이기기 위하여" 성경적인 세계관이 얼마나 필수적인 것인지에 대해 깨달았기를 바란다. 사도 바울은 골로새서 2장 8-10절을 통해서 두 세계관 속에 사는 것이 어떠한 것인지 보여 주고 있다. 혼합주의에 대해 강력히 경고하고 있다.

> 누가 철학과 헛된 속임수로 너희를 노략할까 주의하라 이것이 사람의 유전과 세상의 초등 학문을 좇음이요 그리스도를 좇음이 아니니라 그 안에는 신성의 모든 충만이 육체로 거하시고 너희도 그 안에서 충만하여졌으니 그는 모든 정사와 권세의 머리시라

사도 바울이 우리에게 경고하며 권면하는 내용이 또 있다.

"너희는 이 세대를 본받지 말고 오직 마음을 새롭게 함으로 변화를 받아 하나님의 선하시고 기뻐하시고 온전하신 뜻이 무엇인지 분별하도록 하라"(롬 12:2).

성경적인 세계관은 마음을 새롭게 하는 데 있어 필수적이다. 영적 전쟁을 이해하고 전투를 승리로 이끄는 데 있어 없어서는 안 될 요소이다.

4장

기술 이상의 그 무엇

승리의 길은 어떤 기술이나 방법에 있는 것이 아니다.
이스라엘이 하나님께 순종하는 길을 따랐을 때 전쟁에서
승리했던 것과 마찬가지로 오늘날에도 같은 원리가 적용된다.
**우리는 하나님께서 주신 진리를 따라
살아갈 때만이 자유롭다.**

대부분의 전쟁에는 불분명하거나 긴장하게 만드는 요소들이 있다. 사람들의 시각에 불과한 이야기이겠지만, 문제는 누가 이길 것인지 모른다는 것이다.

이미 이긴 전쟁

우리가 치러내고 있는 영적 전쟁의 독특한 점은 이 전쟁이 어떻게 전개될 것인지를 알고 있다는 것이다. 우리는 전쟁을 구성하는 전투의 요소와 전쟁 그 자체를 구분해 볼 필요가 있다. 우리는 어떤 전투에서 패배를 경험할 수 있다. 그러나 전쟁의 결말은 의심할 여지가 없다. 그리스도가 우리의 죄의 대가를 십자가에서 치르실 때, 그리고 죽음을 정복하고 무덤에서 부활하셨을 때 이미 결정되었다. 히브리서 기자는 이렇게 쓰고 있다.

> 자녀들은 혈육에 함께 속하였으매 그도 또한 한 모양으로 혈육에 함께 속하심은 사망으로 말미암아 사망의 세력을 잡은 자 곧 마귀를 없이 하시며 또 죽기를 무서워하므로 일생에 매여 종 노릇 하는 모든 자들을 놓아 주려 하심이니(히 2:14-15).

우리는 전투를 이기기 위한 모든 능력을 가지고 있다고 말할 수 있다. 단 한 가지 질문은 주님의 방법으로 싸우는가 아닌가 하는 것이다. 주님으로부터 온 무기와 갑옷과 전략을 사용하느냐 하는 것이다. 이 원칙은 구약성경에서 대적과 싸우는 이스라엘 군대의 모습에서 설명할 수 있다. 믿음과 순종으로 움직일 때, 그들은 말도 안 되는 병력을 가지고서도 이겼다.

가장 좋은 사례는 기드온이다. 주의 천사가 기드온을 이스라엘 군대의 장군으로 불러내었다. "나는 므낫세 지파에서 가장 작고 작은 가문이고 우리 가문에서도 가장 연약한 자입니다"라는 것이 기드온의 반응이었다. 천사는 그에게 "그가 어떤 사람이냐" 하는 것이 문제가 아니라 그를 불러낸 "하나님이 어떤 분이신가" 하는 것이 중요하다고 말했다. "하나님의 길을 따르라 그러면 하나님께서 하실 것이다"라고 천사는 말했다. 기드온은 순종을 선택해 300명의 군사만을 데리고 나팔, 횃불과 항아리를 들고 미디안 군대에게 쳐들어갔다(사사기 6-7장을 보라).

이스라엘이 하나님의 권고를 무시하고 자신들의 지혜를 따라 행했을 때 그들은 패배했다. 예를 들면 아이성 앞에서 그들은 상황에 따른 전술을 연구해 만들어 냈다. 말을 잃을 정도로 놀랍게도, 그 작은 아이성에서 대패했다. 그 패배한 전투 때문에 서른여섯 가정이 남편과 아버지들을 잃어버렸다. 그들이 기도도 하지 않고 자신들의 길을 갈 때, 그들의 길의 끝에 있는 결과를 마주쳐야 한다(여호수아 7-8장을 보라).

전투를 맞서서 싸우는데 이 원칙은 오늘날에도 계속된다. 하나님의 길로 행하라. 그러면 하나님께서 결과를 책임지실 것이다. 우리의 길을 따른다면 우리가 그 결과를 책임져야 한다.

그래서 하나님의 길을 행하며 전투에 임하는 모든 과정에서 우리는 하나님과의 관계가 올바른지를 살펴야 하고 순간순간 확신을 가져야 한다.[17] 우리는 또한 기도의 삶과 말씀을 아는 것을 통해 하나님과 함께 하고 있다는 믿음을 가져야 한다.

주술인가 믿음인가?

영적 전쟁은 바른 말을 하고, 올바른 일을 하고, 정확한 물건을 사용하고, 기도를 잘 하는 것 등의 어떤 기술에 대한 문제가 아니다. 이런 기술로 생각하는 것은 주술적인 경향 때문이다. 주술적인 삶을 사는 사람은 바른 기술을 사용하면 능력을 조종할 수 있다고 생각하는 경향이 있다. 그러나 그것이 신앙이 아니다! 우리는 하나님을 조종할 수 없다.

신기술이 급속도로 발전해 가는 이 시대에 사람들은 주술적으로 생각하지 않으려고 하지만, 오히려 핸드북과 매뉴얼들을 만들어 내면서 그것에 의존하고 있다. 기술이 점점 발전해 가면서, 우리는 모든 것을 관리하고 작동시키는 일에 전문가들이 되어 가고 있다. 차량이나 가전기구 등 우리가 사용하는 모든 물품의 매뉴얼을 가지고 있다. 요즘에는 심지어 장난감에도 매뉴얼이 있다.

하나님은 영적인 능력을 다루는 매뉴얼을 주시지 않는다. 때때로 성경은 우리가 가진 어떤 지침서들과 비교되곤

하지만 성경은 차원이 다르다. 지침서들은 물체를 어떻게 다루는지를 알려 주지만, 성경은 그 물체를 만드신 하나님과의 관계에 대한 책인 것이다.

만약에 미국인들이 여리고성을 무너뜨리는 전쟁을 했다면, 그 싸움이 끝나고 '두 겹의 성벽을 무너뜨리는 방법'이라는 매뉴얼을 만드는 팀을 구성했을 것이다. 그러나 그 매뉴얼은 여리고성에서의 경험에서 근거했다는 데 문제가 있다. 다른 전투에서는 불필요한 매뉴얼이다. 왜냐하면 하나님께서는 사람들과 계속해서 관계를 갖기 원하셔서 모든 전투를 새로운 방식으로 싸우게 하시기 때문이다.

전투에 참여하면서 아무것도 배울 필요가 없다는 말은 아니다. 우리의 승리에 대한 확신은 사탄을 어떻게 대적하면 성공할 수 있는지 일러 주는 매뉴얼을 갖고 있기 때문이 아니라는 것이다. 기술의 문제가 아니라 관계의 문제이다. 대적 앞에 설 때 주님과의 관계가 우리의 근본이다. 이 관점으로 이번에는 관계에 대해 살펴보도록 하겠다.

영적인 관계들

지난 장에서 살펴본 성경적 세계관을 통해서, 영적 전

쟁에는 중요한 열쇠가 되는 관계들이 존재한다는 것을 발견했다. 하나님, 천사들, 사람으로 구분되는 영역이 있다고 전제하고, 사람의 영역에는 신자들과 불신자들로 나눌 수 있다. 이 두 그룹은 십자가로 나누어진다. 신자들은 예수님께서 이 땅에 오셔서 우리의 죄를 구속하기 위해 십자가에 달리사 죽으시고 부활하셨다는 사실을 믿는 사람들이다. 불신자들은 그 사실을 믿지 않는 사람들이다.

하나님과 관계를 맺을 수 있는 가능성은 주님의 "놀라운 은혜"에 있다. 이 모든 것을 창조가 시작되기 전에 계획하셨고(엡 1:4-5) 주님은 모든 계획을 실천하셨다(계 13:8). 믿음으로 이 사실을 받아들일 때에 우리의 삶에 영향을 끼치기 시작한다(엡 2:8-9). 믿음의 행동을 통해서 우리는 전혀 새로운 하나님과의 관계를 시작하게 되고 또한 그 관계를 갈망하게 될 것이다. 먼저 우리는 성경을 통해서 사탄과 사람들 — 신자와 불신자 — 사이의 관계를 살펴보도록 할 것이다.

불신자와 사탄의 관계

우리는 이미 사탄의 주요 전략이 속임수라는 것을 알고 있다. 계시록 12장 9절에서 사탄은 "전 세계를 속이는 자"라고 말하고 있다. 사람들을 조종하기 위해 속이는 것이 사탄이다. 요한은 세계가 악한 자의 영향력 아래 있다고 말한다(요일 5:19). 사도 바울은 "공중의 권세 잡은 자 곧 지금 불순종의 아들들 가운데서 역사하는 영"이라고 말한다(엡 2:2).

속임수는 현명하고 효과적인 전술이다. 만약 어떤 사람이 당신을 때린다면, 당신은 공격 당하는 것을 알게 되고 공격을 막으려고 할 것이다. 만약 어떤 사람이 당신을 시험한다면, 당신은 유혹이라는 것을 깨닫게 되고 결단을 내릴 것이다. 하지만 만약 어떤 사람이 당신을 속인다면, 당신은 알지 못한다. 만약 안다면 속는 것이 아니다. 당신은 속은 그 내용을 사실로 생각하고 행동하게 된다.

우리는 마지막 장에서 이단 교주, 주술사, 선동가들이 사용하고 있는 전술을 보게 될 것이다. 사탄이 에덴동산에서 사용한 것과 같은 방법이다. 속임수에 걸려들었을 때, 사람들은 괴이한 일들을 하도록 조종당한다. 사탄은 거짓말 하는 데에 도가 틀 정도로 오랜 세월의 경험을 가지고 있다. 거짓말이라고는 전혀 믿어지지 않을 만큼 속이는 데 숙련되어 있다. 이따금 우리가 속임수에 빠졌다는 사실을 깨닫기도 하지만, 교만해서 그것을 인정하려고 하지 않는다.

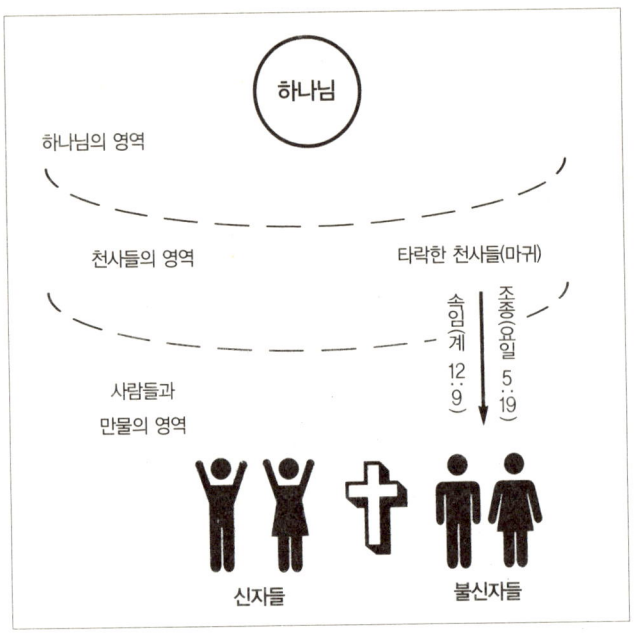

[그림 4] 사탄과 불신자들의 관계

    속임은 조종하는 데 매우 효과적이다. 사탄은 불신자들을 조종하기 위하여 단 하나의 거짓말을 한다. 그리스도의 십자가 외에도 진리의 삶을 발견하는 다른 길이 있다는 것이다. 사탄은 십자가의 적이다. 사탄이 벗겨지고 (골 2:15) 파괴된(히 2:14-15) 것이 바로 십자가 때문이다. 사탄은 종교의 적이 아니다. 사탄은 사람들이 십자가와 멀어지게 하는 종교적인 아이디어를 제공한다.

사도 바울은 "그중에 이 세상 신이 믿지 아니하는 자들의 마음을 혼미케 하여 그리스도의 영광의 복음의 광채가 비춰지 못하게 함이니 그리스도는 하나님의 형상이니라"(고후 4:4)라고 말하고 있다. 속임당한 사람은 거짓을 믿는다. 그래서 진리에 대해서는 눈이 멀어 있다. 사탄은 당신이 얼마나 진리에 가까운 사람인지에는 관심이 없다. 그저 당신이 진리를 잃어버리게 하는 데 혈안이 되어 있다. 그것이 사탄이 빛의 천사로 가장해 나타나는 것을 좋아하는 이유이다(고후 11:13-15). 사람들은 종교적으로 믿고 행하면 올바르게 살고 있다고 생각한다. 대적은 "너는 참 신실하구나. 종교는 개인적인 것이야. 너는 너에게 진리인 것만을 발견하면 돼"라고 속삭인다.

세상에서 일어나는 일들을 살펴보면, 사탄이 성공적으로 속이고 있다는 것을 발견하게 된다. 현대사회에서는 자신이 원하는 목적을 얻기 원하면 무엇이든지 믿어도 된다는 생각이 팽배하다. 영적인 일들에 대해 이야기하는 것은 사회적으로 허용되지만, 하나님께서 말씀에서 명령하신 것이나 그의 아들에 관해 믿는 것은 손가락질을 당하고 있다. 거짓에 속고 있는 불신자들의 세상은 "악한 자의 조종 아래 있다(요일 5:19)"는 말씀은 진실이다.

사탄과 신자들의 관계

이 책은 신자들의 영적 전쟁에 대한 내용을 다루는 것이다. 이제서야 사탄과 신자들 사이의 관계에 대한 이야기를 시작한다.

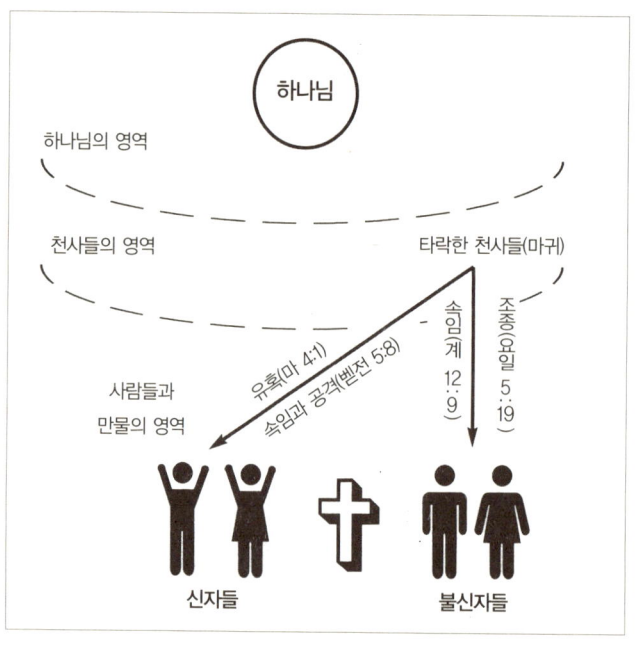

[그림 5] 사탄과 신자들의 관계

어떤 사람이 십자가 앞으로 나아올 때는 사탄의 진영에서 하나님의 진영으로 옮기는 것이다. 엄청난 변화가 일어나게 된다. 바울은 그런 사람을 새로운 피조물이라고 말한다.

"이전 것은 지나갔으니 보라 새 것이 되었도다"(고후 5:17).

그럼에도 불구하고 한 가지 변하지 않는 것은 사탄의 술책이다. 사탄은 여전히 거짓의 아비이고 속이는 자이다(요 8:44, 계 12:9). 예수 그리스도를 따르기로 한다고 해서 바로 사탄의 속임에 면역이 생기는 것은 아니다. 오히려 사탄이 공격을 강화한다는 것을 발견하게 될 것이다. 왜냐하면 우리는 하나님의 영광을 위해 사는 능력을 갖게 되었기 때문이다(고전 10:31). 이미 신자가 된 우리는 사탄의 나라에서 하나님의 나라로 옮기는 사람들을 도울 수 있는 잠재력 또한 갖게 되었다. 그래서 대적은 자신의 나라에 거주하고 있는 이들을 괴롭히는 것보다 하나님의 자녀들을 무력화하는 방법을 더욱 치밀하게 연구한다.

무력화라는 표현에 주목하기 바란다. 사탄은 사람들이 자신의 믿음을 부정하고 하나님의 나라를 떠나 그의 진영으로 오는 일은 거의 없다는 것을 알고 있다. 하지만 하나님의 영광을 위해 사는 성도의 삶을 살지 않게 하고, 사탄을 "믿음으로 대적하지 않도록" 속일 수는 있다(벧전 5:9). 전투에서 우리를 무력화시키는 방식이다. 사탄을 경배하지 않지만, 그를 상하게 하지도 않는다. 전쟁터에서 후방에 편안히 앉아 있을 수 있다. 그것은 전쟁을 싸워 승리해 내는 방법이 아닌 것이다.

어떤 사람이 정말 진지하게 하나님을 섬기려고 한다면, 대적의 공격이 과격해질 것을 예상할 수 있다. 크리스천들은 사탄의 타깃이라고 말할 수 있다. 주님의 사역 가운데 있는 사람들은 과녁의 중심이다. 어떤 사람들은 "주님을 진정으로 알거나 섬기지 않았을 때는 이런 문제가 없었어요. 왜 이렇게 된 것일까요?"라고 말한다. 그에 대한 대답이다. "전투에 참여하게 된 것을 환영합니다. 전투의 최전선 부대에 섰을 때, 총에 맞을 수 있습니다."

최전방부대의 보병이라고 상상해 보라. 상대방 군대가 마주 보인다. 일병도 있고, 이병도 있고, 장군들도 볼 수 있을 것이다. 누굴 먼저 쏘겠는가? 군대의 리더가 제거되면, 보병 하나가 제거되는 것보다는 훨씬 큰 영향을 미치게 될 것이다. 사탄은 멍청하지 않다. 하나님께 반역할 만큼 어리석긴 하지만 사탄은 적의 군대에서 누구를 공격해야 하는지 정도는 알고 있다.

문제는 사탄이 속임의 전문가이기 때문에, 어떻게 공격하려는지에 대해 인식하기가 어렵다는 것이다. 우리는 이 싸움이 혈과 육에 대한 것이 아니고 정사와 권세에 대한 것이라는 것을 종종 잊곤 한다. 앞 장에서 세상과 육체와 대적에 대해 말한 바와 같이, 대적이 모든 문제 뒤에 도사리고 있다고 보는 것뿐 아니라 어떤 문제도 사탄과 관련이 없다고 보는 관점 모두 수정되어야 한다.

많은 목회자들이 성적인 문제로 넘어지는 이유는 자신만은 그 영역에서 넘어지지 않을 것이라는 사탄의 거짓말을 믿기 때문이다. 나는 매우 가까운 동료에게 그런 일이 일어나는 것을 보았다. 그의 고백은 "내가 이렇게 넘어질 줄은 상상도 못 했습니다"라는 것이었다. 물론 이것은 속임당한 것이다. 우리가 육체에 거하는 동안 우리는 언제든지 속을 수 있다.

어디에서 능력을 얻는가?

사탄의 올가미는 주로 지식과 능력이라는 미끼를 사용한다. 모든 것은 지식에 달려 있다. 더 정확하게 말하면 능력에 관한 진리 – 앎이다. 능력에 대한 문제는 세상에 살아가는 모든 사람들의 가장 두드러진 고민이다. 우리는 그것을 따로 다룰 것이다.

사탄은 능력이 많은 천사였다. 그가 하나님을 반역하고 나라를 취하려고 시도했을 때, 어떤 이유에서인지 하나님은 그에게 부여된 능력을 제거하지 않으셨다. 하지만 사탄의 능력은 제한적이라는 것을 알 수 있다. 하나님은 모든 능력의 근원이시고, 사탄은 그에게 부여된 권세만을 가지고 있다. 사탄은 마치 자기가 하나님처럼, 심지어 하나님보다 더 많은 능력을 가지고 있다는 인상을 주려고 애쓴다. 할리우드는 종종 그런 거짓을 퍼트린다. 예를 들면, 〈엑소시스트〉라는 영화에 등장하는 가난한 신부는 사탄과 게임이 되지 않는다. 사탄을 경배하는 사람들은 이런 속임에 걸려든 사람들이다.

사탄은 사슬에 묶인 동물과 같다. 사슬에 묶인 동물은 멀리 움직일 수 없다. 사슬이 연결되는 공간 안에서만 자유롭게 활동한다. 그러나 사슬은 그의 활동반경을 제한한다. 사탄은 하나님의 사슬에 묶여 있다. 하나님께서 허락하신 공간에서 사탄은 무수한 일을 벌인다. 사탄은 하나님이 허락하신 명백한 영역 외로 활동할 수 없다. 만약 그렇게 할 수 있었다면, 벌써 하나님이 창조하신 이 세상을 혼돈에 빠트렸을 것이다.

사탄은 "하늘이 하나님의 영광을 선포하는 것(시 19:1)"을 싫어하고 하나님의 자녀들이 하나님의 영광으로 살아가는 것을 증오하기 때문이다.

사탄의 능력이 제한되어 있다고 하더라도, 아무 능력이 없다고 생각해서는 안 된다. 사탄은 초자연적인 것들을 할 수 있다. 사탄이 욥을 대적해 괴롭히는 것을 하나님은 허락하셨다. 사탄은 욥의 소유물들을 날려버리는 태풍을 보내고, 육체적인 고통을 일으켰다. 그러나 생명은 건드리지 못했다(욥 1-2장을 보라). 쇠사슬을 끊는 거라사의 귀신들린 사람은 아무도 제어하지 못했지만, 예수님의 권위 아래서 잠잠케 되었다(막 5:1-13). 사탄은 사도 바울이 계획한 사역을 방해했지만, 교회가 세워지는 일들을 막을 수는 없었다(살전 2:18).

사람들이 하나님을 신뢰하고 순종한다면, 사탄의 조종에서 자유롭게 살 수 있다는 것은 사실이다. 구약성경에서 하나님이 사람들과 언약하신 것은 단순하다. 만약 하나님을 신뢰하고 순종하면 약속의 땅을 얻고, 그렇게 하지 않으면 대적이 백성들을 억누르게 되고 약속의 땅의 축복을 얻지 못할 것이라는 것이다.

하나님은 모세를 통해서 이스라엘에 말씀하셨다.

> 내가 오늘날 천지를 불러서 너희에게 증거를 삼노라 내가 생명과 사망과 복과 저주를 네 앞에 두었은즉 너와 네 자손이 살기 위하여 생명을 택하고 네 하나님 여호와를 사랑하고 그 말씀을 순종하며 또 그에게 부종하라 그는 네 생명이시요 네 장수시니 여호와께서 네 열조 아브라함과 이삭과 야곱에게 주리라고 맹세하신 땅에 네가 거하리라(신 30:19-20)

생명과 사망, 복과 저주라는 대조적인 요소를 주목해 보라. 우리는 축복에 대해 말하는 것을 좋아하고 그것을 항상 고대하는 경향이 있다. 우리는 분명히 저주를 꺼려 한다. 이 맥락에서 저주라는 것은 하나님께서 그의 보호하심을 거두시고 사탄의 공격을 허락하시는 것이다.

구약성경에서는 군사적인 적을 말하는 것이고, 오늘날에는 영적인 대적을 말하는 것이다. 기본적인 원리는 같다. 어떤 사람들은 하나님의 자녀들을 위한 하나님 아버지의 보호하심은 자동적인 것이라고 말한다. 크리스천이라면 사탄이 건드리지 못할 것이라고 생각하는 것이다. 그것은 성경이 가르치는 원리가 아니다. 사탄이 할 수 없는 것이 분명 있다. 사탄은 우리 삶에서 하나님을 몰아 낼 수 없다. 우리가 죄를 짓게 할 수는 없다. 사탄은 우리가 견딜 수 없는 시험을 줄 수는 없다(고전 10:13). 우리가 진리를 알고 그것을 믿기로 결정할 때, 사탄은 믿음의 방패를 부술 수도 없다. 그러나 만약 우리가 믿음에 서서 행동하지 않고 하나님의 이끄심을 따르지 않는다면, 사탄은 우리 삶에 들어올 발판을 마련할 것이다.

새로운 은혜의 언약은 돌판이 아닌 우리의 마음에 새겨졌다. 우리는 믿음으로 언약을 취한다. 만약 우리가 믿고 순종하지 않으면 하나님의 축복을 잃어버릴 것이다. 예수님은 다락방에서 제자들에게 말씀하셨다.

"너희가 나를 사랑하면 나의 계명을 지키리라. 나의 계명을 가지고 지키는 자라야 나를 사랑하는 자니 나를 사랑하는 자는 내 아버지께 사랑을 받을 것이요 나도 그를 사랑하여 그에게 나를 나타내리라"(요 14:14, 21).

믿음과 순종이 연약해질 때, 우리의 구원에 영향을 미치지는 못할지라도 하나님 아버지와의 관계에는 영향이 있을 것이다. 사탄은 우리가 하나님의 자녀로서의 자리를 훔칠 수는 없지만, 하나님이 원하시는 방향을 잃어버리게 할 수는 있다. 사탄은 이것을 이루기 위해 무엇이든지 할 것이다.

위와 같은 목적을 이루기 위해 사탄은 잘못된 목적과 능력을 우리에게 주려고 시도한다. 주술적인 행동을 하면서 이렇게 말한다.

"하나님께서 내 모든 필요를 공급하시겠다는 약속을 신실하게 지키시는 분이라는 것을 믿을 수 없어. 우리에게 지극히 큰 능력(엡 1:19)을 주셨다는 것도 믿을 수 없어. 그래서 우리는 이런 주술을 걸어야 해."

이러한 생각은 사랑의 아버지로부터가 아닌 깜깜한 지옥에서부터 왔다는 것은 대단한 분별의 은사가 없어도 알 수 있다. 사탄은 속이는 자이다. 속이는 능력이 탁월한 존재이다. 지난 세월 내내 사탄은 능력과 지식을 가지고 하나님의 사람들을 꾀어 내는 일에 성공해 왔다.

사탄은 성경이 쓰여진 시대에도 그러했고, 지금도 바뀌었을 가능성은 전혀 없다. 사탄은 여전히 할 수 있는 한 속이는 능력을 십분 발휘하고 있다. 사탄은 주로 두 가지 방식을 사용하는데, 첫 번째는 사람들을 두렵게 만드는 것이다. 사람들을 두렵게 만들어서 사탄에게 경배하게 만들려는 것이다. 만약 우리가 하나님을 두려워하는 것보다 사탄을 두려워한다면, 우리는 하나님의 제한 없는 능력보다 사탄의 제한적인 능력을 인정하는 것이 된다.

사탄은 또한 그의 능력으로 우리를 기만하려고 한다. 사탄은 초자연적이고 영적인 존재이기 때문에, 시간과 공간이라는 한정된 삶을 사는 인간들을 두렵게 하고 자신은 모든 것을 할 수 있는 듯이 가장한다. 사탄은 두려움을 가져오는 물건이나 환상들을 사용해 겁을 주려고 한다. 타락한 천사는 육체의 몸이 없지만, 인간의 형태의 환영을 일으킬 수는 있다.

성경에서 이것을 분명하게 말씀하고 있지 않지만, 사탄이 광야에서 예수님을 시험하려 했던 상황도 그러했으리라 본다. 사탄적인 모양의 어떤 물체를 보았다고 하는 사람들이 종종 나타나지만, 사탄은 육체의 몸이 없다. 사탄은 그런 척 하는 것이다.

마귀들은 이런 술책을 어린이들에게 사용하길 좋아한다. 아이들은 무척 순수해 쉽게 겁에 질린다. 특히 밤에는 어린이들이 '어떤 무서운 물체'를 잘 본다. 부모들이 보기에는 아무것도 없는 곳에서 아이들은 겁에 질려 있다. 아이들이 실제 눈이라는 기관을 통해서 보는 것이 아니라 마음의 눈을 통해 무언가를 보고 있다는 사실을 부모들은 기억해야 한다. 나의 책 〈당신의 자녀를 보호하라〉Spiritual Protection for Your Children는 이 주제를 심도 있게 다루었다.[18]

주술의 덫

사탄은 항상 악하고 두려운 모습으로만 나타나는 것이 아니다. 사탄은 뿔 달린 악마의 옷을 입고 나타나지 않는다. 만약 빨간 망토에 뿔을 달고 삼지창을 들고 나타난다면, 우리는 즉각 사탄의 존재를 알아차릴 것이다. 특별히 크리스천들 앞에 나타날 때는, 사탄은 '의의 천사'처럼 위장해서 나타난다. 사탄은 우리를 돕기 원하는 친구의 모습으로 등장한다.

사탄은 인간에게 있어서 가치 있는 존재가 되는 것이 얼마나 중요한지 잘 알고 있다. 만약에 우리가 하나님과의 관계 안에서 가치를 발견하지 못하면, 우리는 다른 곳에서 존중받으려고 한다. 존중받는다는 감정은 우리가 무언가 중요한 일을 하고 있으며 필요한 존재라는 인식에서 온다. 아무것도 할 수 없다고 느끼는 순간 찾아오곤 하는 기준에 미달되는 존재라는 느낌, 필요 없는 인간이라는 느낌들은 인간에게 가장 괴로운 감정이다.

사탄은 그것을 잘 알고 있어서 그러한 감정을 불러일으킨다. 사탄이 두 번째로 사용하는 방식이 바로 그러한 감정을 이용하는 것이다. 사탄은 그런 감정을 피할 수 있는 파괴적인 방법을 제시하거나, 그 문제를 풀 수 있는 다른 능력을 이용하게 만든다.

사탄이 하는 일은 훔치고 파괴하고 죽이는 것이라고 예수님께서 말씀하셨다(요 10:10). 사탄이 사람들에게 서로를 죽이라고 제안하는 것은 어찌 보면 당연한 일이다. 자살은 세계적인 문제이다. 셀 수 없이 많은 수의 청소년들이 자살을 생각했다고 고백하고 있다.[19] 15~24세의 청소년들이 전체 사망률에서 3위를 차지하고 있다. 미국의 모든 사망자 중에서도 8위를 차지하고 있다.

사탄은 우리 삶에 필요한 능력을 부여해 줄 수 있다고 제안해 온다. 그러나 기억하라. 사탄은 악마의 빨간 망토를 입고 나타나지 않는다. 사탄은 우리의 삶의 문제들을 해결하는 방법을 제시하거나 도와주려는 자세로 나타난다. 그래서 사람들은 주술의 세계로 빠져 든다. 주술의 세계는 하나님보다 더 우월한 초자연적인 능력이 있다고 말한다. 그것을 사용하는 자를 위해 예비된 능력이 있다고 유혹한다.

우리는 이미 하나님께서 사탄에게 허용하신 능력이 있다는 것을 알고 있다. 문제는 사탄이 우리를 돕거나 존중받는 것에 관심이 있는 것이 아니라는 데 있다. 우리를 문제로부터 멀어지게 할 수 있는 능력이 있을지도 모르지만, 그 능력의 대가는 엄청나서 결국 우리의 삶의 모든 영역을 옭아매게 된다.

어떤 사람들은 어떻게 사탄이 선하게 나타날 수 있겠느냐고 말한다. 사탄은 그 일에 대해서 아주 비싼 값을 청구하려 하기 때문이다. 사탄은 절대로 먼저 값이 얼마인지 말하지 않는다. 사탄은 속이는 데 명수이다. 수많은 세월의 경험이 있다. 사탄은 우리가 우리 자신을 아는 것보다 더 잘 알고 있다. 사탄은 우리가 쉽게 넘어지는 영역을 노리고 있다. 능력에 대한 간절함이 큰 사람이라면 더욱 주술적인 능력에 쉽게 유혹을 받곤 한다.

주술의 덫의 다른 면은 방법을 중요시한다는 것이다. 어떤 일을 한다면, 어떤 말을 한다면, 이러이러한 과정을 거친다면, 당신이 찾는 능력과 지식을 얻을 수 있다고 말한다. 어떻게 해내는지를 알아내서 방법에만 집중하게 한다. 서점에는 모든 삶의 영역을 다루는 방법을 전수하는 매뉴얼과 책으로 가득하다. 집을 짓는다면 이런 책들은 매우 유용하다. 그러나 인간의 존재에 관한 문제를 하나님과의 관계를 떠나 방법론으로 접근한다면 오류에 빠질 가능성이 크다. 우리에게 필요한 것은 방법의 문제가 아니다. 진정한 영적인 능력의 근원과 만날 때만이 우리는 안식할 수 있게 된다. 그제서야 가짜 지식과 능력의 올가미에 대항할 수 있게 되는 것이다.

주술에 대한 하나님의 관점

하나님은 주술적인 행동에 대해 명백하게 거부하신다. 약속의 땅에 들어가는 그의 백성들에게 이렇게 명령하신다.

> 네 하나님 여호와께서 네게 주시는 땅에 들어가거든 너는 그 민족들의 가증한 행위를 본받지 말 것이니 그 아들이나 딸을 불 가운데로 지나게 하는 자나 복술자나 길흉을 말하는 자나 요술을 하는 자나 무당이나 진언자나 신접자나 박수나 초혼자를 너의 중에 용납하지 말라 무릇 이런 일을 행하는 자는 여호와께서 가증히 여기시나니 이런 가증한 일로 인하여 네 하나님 여호와께서 그들을 네 앞에서 쫓아내시느니라 너는 네 하나님 여호와 앞에 완전하라(신 18:9-13).

수천 년 전에 하나님께서 주술적인 행동을 가증히 여기셨다면, 오늘날도 마찬가지이다. 지금도 여전히 운수, 사주, 심령술, 영아제사 등이 이뤄지고 있다. 하나님께서는 이런 가증한 일들을 행하는 것 때문에 가나안 사람들이 쫓겨나고, 이스라엘이 그 땅을 차지한다고 말씀하셨다.

불행하게도 이스라엘은 하나님의 경고를 귀담아 듣지 않았고, 그들은 가나안 사람들이 하던 것처럼 악한 일들을 행했다. 하나님은 결국 보호하시는 그의 손을 거두셨고, 대적들이 그들을 치는 것을 허락하셨다. 결국 이스라엘과 유다는 이방 나라들에 사로잡혀 갔다. 마찬가지로 우리가 하나님을 사랑한다고 말하면서도 이런 저주받을 만한 일들을 행할 때, 우리도 이스라엘과 같이 사로잡힐 수 있다는 사실은 새삼 놀라운 것이 아니다.

이기는 전투

우리는 영적 전쟁 안에 있다. 깨닫지 못하고 있다면 어리석은 일이다. 그런데 전쟁 속에서 소망을 잃어버린 희생자라는 이야기가 아니다. 우리는 이기는 데 필요한 모든 자원을 가진 자들이다. 우리는 이 자원을 사용할 수 있어야 한다. 우리는 크리스천이기 때문에 자동적으로 보호를 받게 되는 것이 아니다.

승리의 길은 어떤 기술이나 방법에 있는 것이 아니다.

이스라엘이 하나님께 순종하는 길을 따랐을 때 전쟁에서 승리했던 것과 마찬가지로 오늘날에도 같은 원리가 적용된다. 우리는 하나님께서 주신 진리를 따라 살아갈 때만이 자유롭다. 그래서 다음 장에서 하나님과의 관계 안에서 발견되는 진리를 자세히 살펴보도록 하겠다.

5장

나는 진정 누구인가?

우리는 죄에 대한 진리를 말할 수 있어야 하며,
우리가 누구인가에 대한 진리는 죄로부터
자유케 된 하나님의 자녀라는 사실에서부터 출발해야 한다.
하나님의 자녀가 되는 것의 의미를 포함한
진리를 말하기 위해서 우리는 우리와 연관된
하나님이 정말 누구이신가에 대해
확신을 가질 필요가 있다.

당신은 스스로 특별한 사람이라고 생각하는가? 좀 더 정확하게 물어보자면, 당신이 누구인지에 대해 생각할 때 어떤 기준을 사용하는가? 또는 당신이 누구인지 말할 수 있는 권리는 누구에게 있는가? 당신에 관해 믿고 있는 것이 사실인지 어떻게 아는가?

당신이 어떻게 살고 있는지는 이 대답에서 결정된다. 우리는 언제나 우리가 말하는 대로 사는 것이 아니라 우리가 믿는 대로 살아가기 때문이다. 달리 말하면, 우리 자신에 대해 믿는 믿음이 일관적이지 못하다면 일관성 있는 행동을 할 수 없다는 것이다.

하나님께서 유일한 진리의 근원이라는 믿음을 분명하게 가졌다고 전제하고, 이제는 우리가 누구인가에 대한 진리를 접근해 보도록 하겠다. 우리는 우리 자신과 삶의 모든 것에 대한 하나님의 시각에 동의해야 한다.

어떻게 나를 사랑할 수 있을까?

최근 몇 년 동안 자아의 존재, 자아상, 자신감 등에 대한 책들이 쏟아져 나왔다. 어떤 저자들은 건강한 자아상을 갖는 것에 대한 필요를 강조한다. 또 다른 사람들은 자아를 추구하는 것은 비성경적이라고 말한다. 예수님은 자기 자신을 부인하라고 말씀하셨다. 어떤 사람들은 "너 자신을 사랑한 것처럼 네 이웃을 사랑하라(마 22:39)"의 명령을 가지고서 자신을 사랑하는 것이 먼저 있어야 한다고 말한다. 과연 자아를 사랑해야 하는가 아니면 사랑하지 말아야 하는가?

앞에서 세상과 육체라는 단어를 말할 때, '자아'Self라는 단어는 여러 가지 뜻을 가지고 있다고 말했다. 우리는 그래서 어떤 의미의 자아를 사랑하라는 말인지 알아야 할 필요가 있다. 꼭 기억해야 할 것은 신약성경에서 사용된 단어들은 영어로 'Self'라는 단어와 완벽하게 일치하지 않는다는 것이다. 다양한 의미를 가진 단어가 영어로 번역되었기 때문에 원래 의미를 찾아나가는 작업이 필요하다.

예를 들면 속죄일에 대한 지침 가운데, "이 날에 스스로 괴롭게 하지 아니하는 자는 그 백성 중에서 끊쳐질 것이라"(레 23:29)라는 내용이 있다. 이 맥락에서 스스로 괴롭게 한다는 말의 의미는 안식일을 지켜 일을 하지 않는 것을 말하는 것이다. 나쁜 것을 끊으라는 의미가 아니다. 오히려 이스라엘의 속죄일에는 일상의 평범한 것들을 떠나 속죄하시는 하나님과 그의 계획에 집중하라는 의미이다.

오늘날 우리는 '자아 부인'이라는 용어를 사용하곤 한다. 더 높은 것을 추구하기 위해 세상의 이치에 맞는 것들을 부인하려고 한다. 그러나 이것은 예수님께서 제자들에게 터놓고 말씀하신 자기를 부인하는 것이 아니다.

"아무든지 나를 따라오려거든 자기를 부인하고 자기 십자가를 지고 나를 좇을 것이니라"(막 8:34).

여기서 사용된 '자기'라는 의미는 예수님께서 그 시대 종교지도자들을 꾸짖으실 때 사용했던 단어이다.

"화 있을진저 외식하는 서기관들과 바리새인들이여 잔과 대접의 겉은 깨끗이 하되 그 안에는 탐욕과 방탕으로 가득하게 하는도다"(마 23:25).

로마서 2장 8절에 보면 바울이 "오직 당을 지어 진리를 좇지 아니하고 불의를 좇는 자들"라고 말한다. 이것이 부인해야 할 자아인 것이다.

골로새서나 에배소서를 보면 바울은 "벗어버리라"고 표현한다(엡 4:22, 골 3:9). 이 자아를 좇는 삶은 하나님이 마음에 중심이 되시는 아니라 자아가 중심이 되는 것을 말하고 있는 것이다. 하나님께서 말씀하신 것보다 자신의 평가와 판단에 따라 행동하는 것을 말하는 것이다. 예수님 안에서 모든 것이 가능한 것을 발견하는 대신에 자기 안에서 만족을 찾으려는 시도인 것이다.

바울은 이렇게 권면한다.

"우리가 무슨 일이든지 우리에게서 난 것같이 생각하여 스스로 만족할 것이 아니니 우리의 만족은 오직 하나님께로서 났느니라"(고후 3:5).

앞에서 쓰인 **자아**Self가 부정적인 의미라면, 조금은 긍정적인 의미의 자아도 있다. 긍정적인 자아는 단순히 사람을 표현할 때 쓰이는 것이다. 내가 누구인지를 설명하는 인격과 육체의 하나된 존재를 말한다. 많은 사람들은 하나님께서 자신을 만드셨을 때 조금 실수하신 것처럼 말한다. 좀더 큰 키, 좀더 작은 얼굴, 더 많은 은사 등으로 다른 것들을 원하는 목소리를 내곤 한다. 이 모든 것들은 토기장이에게 진흙이 이러쿵저러쿵 하는 것과 같다. 하나님께서 친히 만드신 우리 각 사람은 하나님이 만드신 작품을 부인하는 것이 아니라 받아들이고 사랑해야 한다.

또 다른 긍정적인 용법으로는 "하나님을 따라 의와 진리의 거룩함으로 지으심을 받은 새 사람을 입으라"(엡 4:24)라는 말씀에서 사용된다. 하나님의 은혜로 새롭게 된 우리의 자아를 말하고 있다. 바울은 고린도교회에게 "그런즉 누구든지 그리스도 안에 있으면 새로운 피조물이라"(고후 5:17)라고 선언한다.

새로운 피조물이라는 것은 그리스도가 중심에 계시며, 성령으로 충만해 자기 절제Self-Control를 하면서 사는 하나님의 자녀를 일컫는 것이다(갈 5:23). 이것이 바로 예수님께서 그 시대의 사람들에게 말씀하신 의미이다.

"사람이 온 천하를 얻고도 자기를 잃든지 빼앗기든지 하면 무엇이 유익하리요?"(눅 9:25).

새로운 피조물은 부인하는 것이 아니라 추구해야 하는 것이다. 우리는 하나님께서 우리 자신을 보시는 관점에 동의해야 한다. 하나님께서는 이 긍정적 의미의 자아를 아끼고 사랑하신다.

'사랑'도 여러 가지 의미를 가지고 있는 문제의 단어이다. 헬라어에는 사랑이라는 의미의 단어가 네 개나 있다. 세 가지 사랑의 종류는 사랑하는 대상에 대한 감정적인 반응에 중점을 두고 있다. **에로스**Eros는 성적인 사랑을 말한다. 대부분 자기 만족을 위한 감정이다. **스토르게**Storge는 제한이 없는 부모의 사랑이다. 모성애와 같은 것을 의미하는데 이것은 가족에게 한정되어 가족이 아닌 존재에게는 흘러가지 않는다. **필리아**Philia는 우정이나 형제, 자매간의 사랑을 의미한다. 같은 취향이나, 목적이 일치하는 이들과의 관계에서 생겨나는 감정이다. 이 세 가지의 사랑은 모든 문화에서 발견할 수 있다.

그러나 **아가페**Agape는 전혀 다른 종류의 사랑이다. 이 단어는 신적인 사랑을 의미하기에 자주 사용되지 않는다. "하나님은 사랑"(요일 4:16)이시기 때문에 그것은 항상 선하다. 하나님은 사랑이시기에 우리를 사랑하신다. 하나님의 사랑은 변함이 없다. 하나님은 사랑하는 대상의 상태에 따라 변하시지 않는다. 하나님 자신의 신실한 성품에 따라 우리를 사랑하신다.

우리가 신의 성품에 참예하는 자가 된 이후로(벧후 1:4), 우리는 그리스도를 닮아 가고, 다른 사람들을 예수님처럼 사랑하게 된다. 상대가 어떤 사람이든지, 우리에게 무엇을 하든지 상관없이 사랑하는 것이다. 예수님께서는 누가복음 6장 32절에서 인간을 향한 그의 사랑을 표현하신다.

"너희가 만일 너희를 사랑하는 자를 사랑하면 칭찬받을 것이 무엇이뇨 죄인들도 사랑하는 자를 사랑하느니라."

이러한 아가페의 사랑이 우리가 우리 자신을 사랑한다고 말할 때 언급된다. 이것은 자기 중심적인 사랑이 아니다. "나는 좀 괜찮은 사람인가? 또는 나 자신을 위해서 무엇을 할까?"라는 질문이 아니라 "하나님께서 나에 대해 어떻게 생각하시는가?"라는 질문이 떠오르는 것이다. "나는 하나님의 생각에 동의하겠다"라는 고백이 나오게 되는 것이다. 하나님께서 나 자신-나의 육체, 영혼, 은사들-을 만드신 모습을 감사하고 사랑하는 것이다. 하나님께서 선한 목적을 가지고 지으셨음을 받아들이는 것이다.

그래서 당신의 자아를 사랑하기로 하겠는가? 대답은 'Yes'와 'No' 둘 다 이다. 그것은 당신이 말하고 있는 자아와 사랑이라는 단어의 의미에 따라 달라질 수 있다.

하나님과 신자들의 관계

만약 하나님께서 우리에 대해 갖고 계신 생각이 우리

자신을 향한 우리의 태도나 믿음에 기초가 되는 것이라면, 우리는 하나님의 생각을 알아야 할 필요가 있다. 우리가 이 진리를 알고 믿는 것을 사탄은 원하지 않는다. 왜냐하면, 사탄은 하나님께서 우리를 만드시고 구속하셔서 선한 목적을 가지고 하나님의 영광을 위해 사는 우리의 삶의 능력을 알기 때문이다. 마음의 전투는 바로 이 사실을 깨닫는 이 자리에서 시작된다.

이것을 기억하고서 하나님과 신자들의 관계에 대한 여섯 가지 측면을 살펴보도록 하겠다. 하나님과 사람의 관계에는 두 개의 선이 있는데, 하나는 천사들의 영역을 거치는 선이다. 한쪽 방향의 선 끝에 화살표가 있다는 것을 주목하라. 이것은 한쪽 방향으로만 연결된 통로이다. 우리는 천사들을 통해 하나님께 나아갈 필요가 없다. 그들은 "부리는 영으로서 구원 얻을 후사들을 위하여 섬기라고 보내신"(히 1:14) 존재들이다. 그들은 하나님의 명령을 전달하지만 하나님과 우리 사이에서 중재자의 직임은 없다.

다른 선은 양쪽에 화살표가 있는데, 이것은 쌍방향의 관계를 의미한다. 하나님은 우리에게 말씀하시고 우리도 하나님께 말씀을 드린다. 우리는 하나님과 교제를 나눈다(요일 1:3). 우리는 하나님과 사랑의 관계 안에 있다

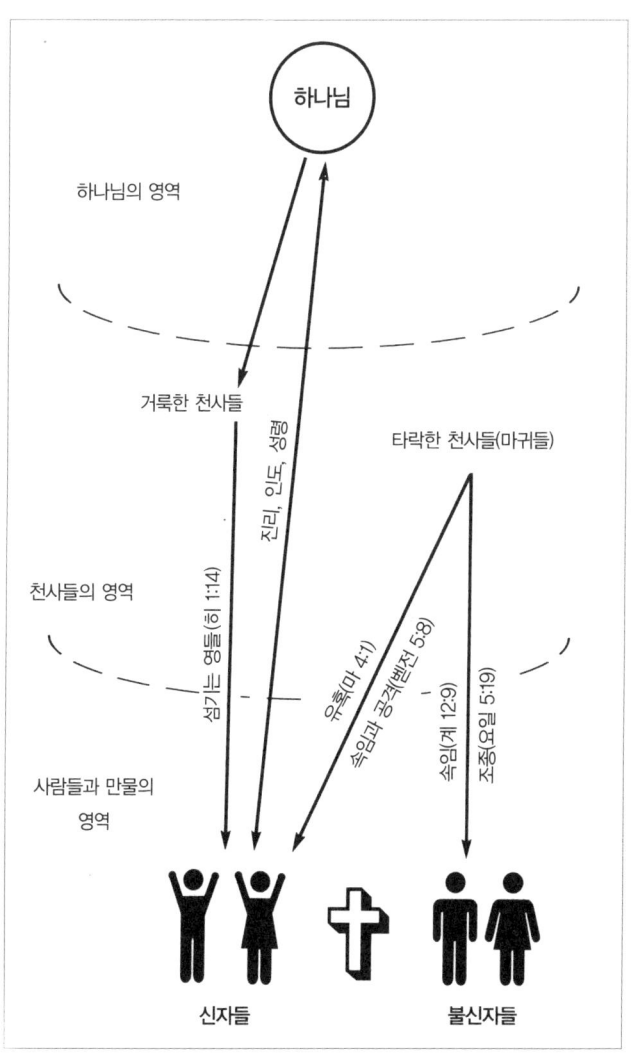

[그림 6] 하나님과 신자들의 관계

(마 22:37, 요 15:9)

물론 이 관계에 대해 많은 설명이 있을 수 있지만, 우리는 이 관계를 이루는 두 가지 근원적인 기초를 세워 보려고 한다. 첫 번째, 하나님과 우리의 관계는 성령님께서 이끄시고 가르치시고 힘을 주시는 것에 근거해야 한다. 두 번째, 진리에 근거해야 한다. 이 두 가지는 믿는 이들에게 아무리 강조해도 지나침이 없다. 이 두 가지에 대해 문제가 있는 신자들이 많이 있다는 사실을 경험적으로 알고 있다.

교회는 성도들에게 성령님의 일하심에 대해 충분히 가르치지 못하고 있다. 신학으로서는 깊이 연구가 있었으나, 문제는 저자들이 신학자다 보니 신학적 용어들로 인해서 신학생들의 수준에서 이해하도록 되어 있는 것이다. 새 신자들에게는 와닿지 않는다.

대중적인 세계관에 의하면 매일 반복해서 일어나는 일들에는 아무런 영적인 권세가 작용하지 않기 때문에 이 문제를 다루는 것은 단순한 일이 아니다. 영적인 관계에 대해 아는 것보다는 과학적이고 합리적인 지식을 더 쌓는 것이 필요하다고 주장하는 세계관이기 때문이다. 영들에 대해서는 대부분의 사람들이 실제라고 여기지 않고 있다.

만약에 이 영들의 영역을 믿지 않는다면, 이렇게 한번

상상해 보라. 집에서 갑자기 말싸움이 벌어져서 열기가 점점 뜨거워지고 있다고 하자. 쌓였던 감정들이 점점 드러나면서 폭발할 지경이 되었다. 이러한 감정들을 조종하고 유발시키는 것이 무엇인가? 만약 그 집 문 앞에 중요한 사람이 서있다고 하면 당신의 감정은 어떻게 움직일 것인가? 혹시 성령님께서 그 자리에 서 계시다면 어떠하겠는가? "성령님은 보이지 않잖아요?"라고 지적할 수 있을 것이다.

바로 그것이 중요한 지적이다. 바울은 우리에게 "보이는 것은 잠깐이요 보이지 않는 것이 영원하다"(고후4:18)고 말해 준다. 우리를 다스리는 것이 영원한 것인가 잠깐 존재하는 것인가? 우리의 문화는 생각보다 훨씬 방대한 영향을 끼치고 있다. 영의 인도를 받는 것보다 다른 사람들의 존재에 순응해 비슷하게 살아가는 것이 편안한 삶이라고 여기고 있다. 그것을 상식적이라고 말하고 합리적이라고 생각한다.

진리에는 그다지 관심이 없다. 참으로 믿는 것은 믿는다고 말하는 내용이 아니라 실제 행동으로 연결되는지의 여부에서 드러나는데 아는 것과 행하는 것의 차이가 점점 커져가고 있다. 이 세상 문화는 부지불식 간에 우리를 점점 옭아매고 있다(롬 12:2). 다른 말로 하면, 우리는 이미 우리가 인식하고 있는 것보다 훨씬 세상적이 되었다는 말이다. 세상적이라는 말은 하나님을 기대하는 것보다 세상 문화에 대한 기대가 더 확고하다는 것이다.

그러나 성령님이 가르치시는 것을 통해서 삶이 변화된다는 것이 진리이다. 문제는 우리가 아는 것과 행하는 것에 차이가 커서, 성령님께서 자유롭게 일하시도록 허락해 드리지 않는 것이다. 우리는 성령님께서 우리 안에서 맺으시는 사랑의 열매들을 관계없는 행동과 말을 통해 성령님을 탄식하게 하고 있다(엡 4:30). 고린도전서 13장은 영적 성숙의 척도이다. 하지만 이 사랑의 진리가 우리 마음에 머물러 성령님이 가르치시는 영역 – 진리가 우리의 삶의 행동을 변화시키는 것 – 까지 나아가지 못하고 있다.

성령님과의 관계를 온전히 누리지 못하면 원수를 대적할 능력도 결핍되었다고 느끼게 된다. 우리를 진리로 견고케 하시고 매일 진리 안에서 걷게 하시는 분은 성령님이시다. 우리를 진리로 자유케 하시고 적의 속임을 이기게 하는 분도 성령님이시다.

서구에서 자라난 대부분의 사람들이 영적인 영역에 대해 무지하다 보니, 성령님과 천사들과의 관계에 무관심할 뿐 아니라 사탄의 초자연적인 영역 또한 관심이 없었다.

사탄과 마귀들에 대해 신학적으로는 지식이 있었지만, 지식은 행하는 믿음으로 이끌지 못했다. 우리의 문화는 사탄이 사람들을 사로잡는 것에 대해 알고 있었지만, 실제와 마주하기보다는 그것을 언급하는 것을 꺼려 했다. '마귀들'을 성령의 권능이 아닌, 정신병을 고치는 약으로 다루려고 했다.

반대로 더 나아가서, 인간의 문제들 뒤에 숨어 있는 마귀들의 실체를 대면해 물리치지 않고, 그들의 능력 이상의 존재로 묘사하기도 한다.[20] 또는 그 어디에서도 사탄의 존재를 인식하지 않고 무시해 버리는 방법을 택하기도 한다. 올바른 이유로 약을 복용하는 것에 대해 말하고 있는 것이 아니다. 매일의 삶에서 우리를 노리고 있는 악한 영을 무시하고 모른 척하는 것에 대해 경고하는 것이다. 사도 바울이 우리에게 싸우라고(엡 6:12) 명령했던 정사와 권세들을 말하는 것이다. 이 대적에 대한 신약성경의 경고를 진지하게 고민해 봐야 한다.

우리는 진리가 우리의 삶을 이끄는 것이 아니라 지식으로만 존재할 수도 있다는 사실을 주목해 보았다. 우리의 뇌에 정보를 가득 채울 수 있다. 그러나 그 정보들이 사실일지라도 우리를 교만으로 이끌 수 있고(고전 8:1), 삶의 변화가 없는 영성 전문가가 되어버릴 수도 있는 것이다(사 29:13, 마 7:20, 마 23:27, 약 2:18). 진리로 변화되지 않으면, 그것을 믿고 있는 것이 아니다. "너무 크게 말하면 무슨 말인지 모르는 것이다"라는 속담이 바로 그런 의미이다.

하나님께서 창조하시고 하나님께서 이끄시는 세상에는 보이지 않는 영역이 존재하고 있다. 만약 하나님께서 하나님의 방식으로 세상을 창조하셨다면, 그 결과는 하나님께 달려 있다. 우리 나름의 방식대로 하나님이 만드신 세상에서 살려고 하면, 우리가 그 결과를 책임져야 할 것이다. 오랜 세월 동안 우리는 우리 방식대로 살면서 하나님을 원망해 왔다. 말도 안 되는 것이다. 하나님께서 진리로 정하신 것에 따르지 않으면, 우리는 하나님의 계획 가운데 있는 선한 것을 경험할 수 없다.

우리는 '선택적인 순종'이란 단어를 종종 사용한다. 우리가 안전하다고 느끼는 영역에 거하는 데 지장이 없을 만한 영적 진리들을 몇 개 골라내어 목록을 만들어놓고 그것을 지키는 것이다. 그러나 안전지대 바깥에도 지켜야 하는 진리들이 있다. 우리는 마치 그것이 없는 것처럼, 또는 우리와는 상관이 없는 것처럼 행동한다.

서로에 대한 감정적인 부분에 대한 진리들은 대부분

이 바깥지대에서 발견된다. 우리(저자들)은 결혼을 통해 그것을 배워 왔다. 결혼과 같은 관계 안에서 그러한 진리들을 배울 수 있다. 진리는 우리를 자유롭게 한다. 죄의 대가로부터, 잘못된 감정의 묶임으로부터 자유로워진다.

이러한 선택적인 순종은 우리가 참으로 추구하지 않았던 많은 영역의 문을 열어 버리고 만다. 그러나 해결책은 단순하다. 하나님께서 말씀하신 모든 진리에 헌신하는 것이다. 사탄은 하나님의 말씀에 대해서 우리가 어리석은 반응을 하도록 호시탐탐 기회를 엿보고 있다. 사탄은 잘못된 반응으로 유도하는 자이다. 이것이 영적 전쟁의 현실이다.

사탄에게 잘 넘어가는 부분은 사람마다 다르다. 어떤 사람은 재정을 다루는 부분에 연약하다. 어떤 사람은 육체에, 어떤 사람은 정직함에 대해 항상 넘어진다. 이런 목록은 셀 수 없이 다양하다.

사탄의 최우선 전략이 속임수라는 것을 기억하면, 진리는 사탄의 공격을 맞설 수 있는 가장 강력한 무기가 된다. 진리에 대한 온전한 헌신은 이미 주어진 말씀, 성경적이고 신학적인 진리에서 시작된다. 드러난 하나님의 말씀은 우리 삶의 모든 영역에 대해 최종적인 권위가 있다. 그러나 그러한 면에서의 중요성 외에도, 우리 삶 속에 나타나는 진리들을 발견할 수 있어야 하는 것이다.

불행하게도, 우리는 점점 진리와 상관없이 사는 일에 익숙해져 가고 있다. 교회에 가면 한 가지 게임을 배우게 되는데, 그 게임에는 한 가지 법칙이 있다. 서로 가면을 쓰고서, 자신의 가면을 다른 사람이 벗겨서는 안 되고, 다른 사람의 가면을 벗겨서도 안 되는 것이다. 그곳에서는 가면을 쓰고 사는 삶의 역효과를 알아차리기도 전에 가면을 쓰는 데 익숙해져 버리곤 한다.

교회는 정직하게 마음을 열어도 되는 안전한 곳이 되어야 한다. 당신을 괴롭히는 문제들을 가지고 도움을 구하러 갈 수 있어야 하는 곳이다. 현실은 그렇지 않을 때가 많다. 교회 안에서 안전함과 도움을 주는 이들을 만나는 대신에, 우리는 다른 사람들의 상처를 찾아내고 도움주기를 꺼려 하고, 피하는 사람들을 만나기 십상이다.

한번은 이런 적이 있었다. 아내와 나Tim는 이사를 한 후, 처음으로 동네에 있는 교회를 찾았다. 교회 로비에서 만난 한 사람이 아주 친절하고 상냥하게 우리를 맞이해 주고, 성도들에게 소개해 주는 것이었다. 주일학교에 아이들을 보내는 방법을 설명해 주고, 심지어 저녁식사에 초대하기까지 했다. 목회자들이 꿈꾸는 그런 성도였다. 그는 많은 교회와 공동체들을 후원하고 있는 성도였다.

얼마간의 시간이 흐른 후에, 나는 그 교회에서 어떻게 하면 그리스도 안에서 자유를 찾을 수 있는지 강의를 하게 되었고, 그는 학생으로 참여했다. 그 시간에 그는 처음으로 가면을 벗었다. 가면 뒤에는 분노와 아픔이 가득한 한 남자가 있었다. 그다지 아름답지 못한 모습이었다. 오랜 세월이 흐르는 동안 해결되지 않았던 비난과 정죄가 다 새겨져 있었다. 그 안에서 그는 쓴뿌리를 먹으며 살고 있었던 것이다. 이 일은 수년간 계속 되어왔고, 그와 가까운 사람들은 알고 있었지만, 교회 안에서는 완전히 가리워져 있었던 것이다. 그는 자신의 쓴뿌리를 다루기 시작했고, 결국 "나는 자유하다!"라고 외치며 걸어나갔다.

하나님은 우리가 정직하게 나아갈 때 만나 주신다. 가면을 쓰는 게임에는 동참하지 않으신다. 하나님은 우리의 가면을 알아보시고 말씀하신다.

"언제쯤 그 가면을 벗고 정직하게 내면을 공개할 수 있겠니? 그러면 내가 도와줄 텐데…… 가면을 쓴 상태로는 도움을 줄 수 없구나."

가면을 쓴 채로 하나님을 만날 수는 없다. 하나님은 진정한 만남을 위해서 당신의 실체를 드러나게 하실 수도 있다.

속이는 자, 사탄은 우리에게 가면을 쓰라고 꼬드긴다. 사탄은 위장술의 전문가이다. 사탄은 대부분 가면을 쓰고 나타난다. 사탄은 '빛의 천사'로 가장하거나 '의의 종'처럼 변신한다(고후 11:13-15). 사탄은 자신의 영향력을 확대하기 위해 가면을 쓴다. 사탄의 목적은 가면을 쓰고 사는 성도들의 삶을 조종하고 경배를 받으려는 것이다.

이렇게 가면을 쓰는 것을 위선이라고 한다. 정직함과는 대조되는 단어이다. 위선이라는 말은 무대 위에서 공연하는 배우라는 표현에 뿌리를 두고 있다. 무대에 오르는 등장 인물이 되기 위해서 얼굴에 화장을 하고 인물의 성향을 창조해 낸다. 현대의 화장 산업은 여기에서 출발했다.

반면에 정직함이라는 말은 '화장기 없는'이라는 표현에서 왔다. 정직한 사람은 자신의 존재를 그대로 나타낸다. 보이는 그대로가 그 안에 있다. 투명하리만치 정직해 진리를 감추거나 그들이 믿는 것을 부인하지 않는다. 다윗과 같이 "중심의 진실함(시 51:6)"을 하나님께서 원하신다는 것을 알고 있다.

다윗은 고난을 통해 이 수업을 통과했다. 시편 32편에서 죄에 대한 자신의 경험을 고백한다. 그의 영혼이 죄로 뒤덮였을 때, 그것이 몸을 상하게 한다고 말하고 있다

(3절). 그러나 그가 자백하고 나서, 용서받음을 경험하고 (5절), 구원의 노래를 부르게 된다(7절).

때때로 정직하지 못한 것은 우리의 내면의 죄의 행동이 아니라, 우리가 당하고 있는 학대에 대한 반응일 때가 있다. 이러한 경우에 우리의 잘못이 아니라 그 학대에서 오는 아픔이라는 것을 인식해야 할 필요가 있다. 어떤 이들은 그들의 상처를 부인하면서 거기에서 나오는 현상을 다루려고 한다. 우리가 오직 상처를 인정하고 용서할 때 하나님은 치유를 시작하신다.

"애통하는 자는 복이 있나니 저희가 위로를 받을 것임이요"(마 5:4).

우리의 상처와 죄를 다른 사람들과 정직하게 나누어야 할 필요가 있다. 하나님은 우리의 치유의 과정을 돕고 힘을 북돋아 주기 위해 그리스도의 몸 된 공동체 안으로 보내신다. 건강한 몸에 상처가 나면 다른 세포들이 힘을 모아 연약한 부분을 새롭게 하는 것과 마찬가지의 원리이다. 정직하게 내면을 드러낼 수 있는 장소로서 하나님은 교회를 세우셨다. 당신을 고통스럽게 하는 문제를 해결할 수 있는 도움을 발견하는 곳으로 세우신 것이다.

"이야기할 수 있는 사람이 없습니다"라고 말하는 사람

들이 너무나 많다. 문제를 풀 수 있다는 소망과 사랑을 가지고, 진리를 붙잡을 수 있을 것이라는 신뢰에 서서, 서로를 바라보는 사람들을 찾기 힘들다는 이야기다. "전에는 이런 이야기를 해 본 적이 없다"는 말을 이제는 놀랍지 않을 정도로 자주 듣는다. 심지어 오랫동안 상담을 해 온 사람들조차 이렇게 말하곤 한다.

사람들은 상담하는 동안에도 어떤 것은 말하고 어떤 것은 말하지 않는다. 듣고 있는 사람을 완전히 신뢰할 수 없기 때문이다. 또한 진정 상대방이 모든 문제를 듣고 해결해 줄 수 있다는 것을 확신하지 못하기 때문이다. "당신이 얼마나 마음을 쓰는지 알기 전까지는 당신이 얼마나 아는가 하는 것에 마음을 쓰지 않는다"는 격언이 있다.

성숙한 크리스천은 하나님께서 얼마나 사람들에게 마음을 쓰시는지 알고 섬기려고 애쓰는 사람이다. 우리가 상담(카운셀링)이라고 부르는 것은 실제로 제자가 되는 과정이다. 하나님과 우리의 관계에 대한 진리를 배우는 것이다. 만약 어린 성도들이 제대로 제자가 된다면, 상담 전문가가 그렇게 많이 필요하지 않을 것이다.

그리스도 안에서 자유롭게 사는 것은 진리에 대한 온전한 헌신에서 시작된다. 그 진리는 하나님에 대한 진리와 하나님께서 우리를 보시는 관점에 대한 진리이다.

나는 누구인가?

"당신은 진정 누구인가?"라는 질문으로 이 장을 시작했다. 우리는 이 질문에 아직 대답하지 않았다. 그러나 사탄은 우리에게 거짓된 대답을 하게 하려고 기회를 노리고 있으며, 하나님은 이 대답이 진리를 가진 근원이라는 사실은 명백해졌다. 우리는 죄에 대한 진리를 말할 수 있어야 하며, 우리가 누구인가에 대한 진리는 죄로부터 자유케 된 하나님의 자녀라는 사실에서부터 출발해야 한다.

하나님의 자녀가 되는 것의 의미를 포함한 진리를 말하기 위해서 우리는 우리와 연관된 하나님이 정말 누구이신가에 대해 확신을 가질 필요가 있다. 그래서 다음 장에서 다루어 보려고 한다.

6장

내가 섬기는 하나님은 누구신가?

하나님의 모습을 제대로 아는 것은
너무나 중요한데,
우리는 말하는 대로 사는 것이 아니라
믿는 대로 사는 존재이기 때문이다.
그래서 우리의 믿음의 뿌리를 점검해 보는 것이 필요하다.
이 믿음의 뿌리란 바로 하나님을 보는 관점에서 시작되는 것이다.

마음에서 일어나는 전쟁은 하나님을 참으로 믿는 순간 시작된다. 하나님을 받아들이면 삶의 모든 것을 어떻게 인식해야 하는지가 결정된다. 그것을 통해 우리의 삶을 사는 방식이 결정되는 것이다.

사탄은 이것을 잘 알고 있다. 그렇기 때문에 사탄은 하나님을 왜곡해서 보는 관점을 만들어 주어서 우리를 공격하려고 한다.

하나님의 모습을 제대로 아는 것은 너무나 중요한데, 우리는 말하는 대로 사는 것이 아니라 믿는 대로 사는 존재이기 때문이다. 그래서 우리의 믿음의 뿌리를 점검해 보는 것이 필요하다. 이 믿음의 뿌리란 바로 하나님을 보는 관점에서 시작되는 것이다.

유혹하는 뱀

에덴동산에서 뱀이 하와를 어떻게 유혹했는지 이미 알고 있을 것이다. 지금 그 장면으로 돌아가서 좀더 자세히 관찰해 보도록 하자. 사탄은 하와에게 하나님과 그분의 말씀이 참으로 믿을 만한 것인지 질문을 던지며 속이기 시작한다.

"저 나무에 달린 것을 먹으면 정녕히 죽을 것이라고 하나님이 말씀하셨니? 그것은 사실이 아니야. 넌 죽지 않을 거야. 저걸 먹으면 하나님처럼 되는 거야. 선과 악을 알게 되지. 더 이상 하나님의 명령을 따르지 않아도 되고 네가 보기에 선하고 악한 것을 따라 살면 되는 것이야. 네가 생각하는 것이 하나님이 말씀하신 것보다 훨씬 뛰어난 것이야. 하나님은 완전히 신뢰할 만한 분이 아니란다"(창 3:1, 4-5)라는 내용으로 꾀임을 하고 있다.

하나님은 아담과 하와를 사랑하지 않는다는 것을 암시하는 내용이다. 이 놀라운 과일을 주고 싶어 하지 않으시는 것이라고 속이는 것이다. 성경은 그 과일이 "먹음직도 하고 보암직도 하고 지혜롭게 할 만큼 탐스럽기도 한 나무의 열매"(창 3:6)라고 말하고 있다. 하나님이 참으로 사랑하신다면 이 귀한 과일을 왜 먹지 못하게 하시겠는가?

이것은 사탄이 하나님의 성품을 과소평가하고 있는 것인데도 아담과 하와는 하나님의 신실하심과 사랑을 의심하기 시작했다. 아담과 하와를 유혹해 꾀임에 넘어가게 하는 일은 뱀에게 그다지 어려운 일이 아니었다.

이 상황은 방에 장난감이 가득한 아이가 "성냥을 가지고 놀고 싶은데 왜 못하게 하는 거예요"라고 떼를 부리는 모습과 같다. 어린 아이들은 종종 만지면 안 되는 것에 집착하곤 한다. 어른들도 금지된 열매를 가장 먹음직스러워하는 것은 마찬가지이다.

하나님께서 아담과 하와에게 에덴동산에 있는 모든 열매를 다 먹어도 좋다고 말씀하셨다. 다른 나무들에 달려 있는 나무들도 모두 아름답고 향긋한 것들이었다. 창조주와의 완전한 관계를 유지하는 일에 있어서 그들이 해야 할 일은 단 한 가지뿐이었다.

그 이상 간단할 수 없는 것이었다. 그러나 그들은 하나님을 신뢰하기보다는 의심하고서 스스로의 결정을 따르기로 했다. 단 한 가지의 말씀을 신뢰하지 않는 것은 다른 모든 말씀들을 신뢰하지 않는 것과 다를 바 없다. 이 문제에 대해 하나님의 판단보다 이들의 판단이 옳다면 다른 모든 부분에서도 마찬가지이다. 이 모든 책임을 어찌 감당하려는지.

사탄은 경험이 많은 사기꾼이다. 단지 표면적으로는 과일 하나 따 먹느냐 먹지 않느냐의 문제이지만, 실은 훨씬 더 심오한 결과가 기다리고 있다는 것을 사탄은 알고 있었다.

이 사건이 있기 전에 인류는 하나님과 신뢰와 사랑의 관계 안에 있었다. 이제는 자신도 모르게 하나님 앞에서 숨어버리게 된 것이다. 관계 안에서 안정감을 잃어버리고 말았다. 전에는 하나님이 주신 아름다운 동산에서 모든 것들을 누리며 살았었는데, 이제는 하나님과의 안정된 관계뿐만 아니라 동산 전체를 잃어버리게 되었다. 사탄의 거짓말에 속기 전에는 창조주와의 관계로 인해 존귀한 존재였으나, 이제는 하나님과의 관계를 잃어버리게 되면서 자녀로서의 존귀함도 잃어버리고 말았다.

사탄이 금지된 열매를 가지고 우리를 유혹할 때, 죄에는 분명히 결과가 따른다는 사실을 언급하지 않는다. 심지어 죄를 고백하고 용서받고 난 후에도, 그 죄의 결과는 존재한다. 분노의 말을 쏟아 놓으면 주워담을 수 없는 이치와 같다. 육체적이거나 감정적인 상처를 주고 나면 쉽게 지워버릴 수 없다. 파괴되어버린 삶은 다시 회복하기 어렵다. 이 모든 것이 참된 하나님이 누구인지 명확히 보지 못할 때에 출발하는 것이다.

하나님인 척 하는 가짜들

에덴동산에서 사탄이 처음 성공을 한 이후, 사탄은 하나님에 대해서 점점 더 큰 거짓말을 늘어놓고 있다. 사탄은 사람들에게 하나님이 없다고 하거나, 하나님에게는 초월적인 능력이 없다고 말하고 있다(시 53:1). 보이는 세계가 전부라고 말한다. 죽음 이후에 어떤 것도 존재하지 않는다고 속삭인다.

사탄은 때때로 우주가 하나님 자체라고 설명한다. 모든 만물과 모든 사람이 신이라고 말하며, 모두가 하나이기 때문에 영적인 것과 육적인 것은 구분할 수 없다고 말한다. 이런 믿음은 많은 동양사상들의 특징이고, 지구상의 어떤 국가들에서 추구하는 신앙의 형태이기도 하다.

서구의 뉴에이지 추종자들은 이러한 사상을 받아들였고, 그들이 말하는 가장 큰 죄는 우리가 신이라는 것을 인식하지 않는 것이다. 우리의 신성을 가지고 운명을 조작할 수 있다고 말한다. 우리의 죄를 위해 대신 죽어야 할 구세주는 필요하지 않다고 설명한다. 우주에는 강력한 영적인 능력이 있는데, 우리가 하려고만 하면 그 힘을 조종하는 방법을 배울 수 있다고 말하고, 그것을 가르치는 선생들은 물신숭배의 방식을 따라 하고 있다. 뉴에이지(New Age-새로운 시대라는 뜻)라고 말하지만, 실은 어떤 것도 새롭지 않다. 성경이 쓰여지던 시기에도 존재하고 있었던 세계관일 뿐이다. 무당을 매개자로, 마귀들을 영적 안내자라는 말로 변조했을 뿐이다.

이러한 사상을 가진 사람들의 신은 세상 그 자체도 아니고, 사람은 더더욱 아니다. 그것은 비인격적인 세상의 영이다. 이런 신은 바다와 같고, 이 땅의 사람들은 그 물의 한 방울 같다고 말한다. 그래서 결코 개인적인 한 존재가 될 수 없다고 믿는다. 수백만 명의 사람들이 어떠한 목적도 없이 우주적인 신의 일부라고 믿고 살고 있다.

어떤 사람들은 헬라나 로마 문화에 있었던 신들처럼 타락한 인간의 모양을 신의 세계에 접목시킨다. 이것을 다신주의라고 부른다. 이런 신들의 세계에도 최고의 신이 존재하고 있지만, 창조주이고 구세주이며 참된 하나님의 존재는 사라져버리고 말았다.

어떤 사람들은 세상을 만든 하나님으로서 그들의 신을 보는 진리를 알고 있지만, 그 신은 너무나 멀리 떨어져서 우리와 전혀 상관이 없는 분으로 인식한다. 또 다른 사람들은 그 신이 너무나 강력한 존재여서 인간은 조금도 다가

갈 수 없는 분으로 생각하고 있다. 그래서 그 신과 만나기 위해서는 쉬지 않고 주술적인 기도문을 외운다거나, 마술적인 행동을 해야만 한다고 생각한다. 그러나 이것들은 참된 하나님과의 만남에 아무 소용이 없다. 그리하여 점점 더 기묘한 종교적인 행태들을 발전시켜 가는 것이다. 사탄이 그의 영향력과 조종 아래 있는 사람들을 어떻게 다루는지 우리는 이미 보아 왔다.

비인격적인 하나님

당신은 "하나님 감사합니다. 참된 하나님이 누구신지 우리에게는 알게 해주셔서 감사합니다"라고 말할지도 모른다. 그러나 진짜 문제는 머리로는 알지만, 매일의 삶에서 그 진리가 드러나는가 하는 것이다. 무신론자처럼 살아갈 때가 있지는 않은가. 하나님에 대해서는 알지만, 하나님 자신을 알지 못하고 있는 것은 아닌가. 하나님을 안다고 말하지만 그분이 존재하지 않는 것처럼 살고 있지는 않은지 살펴보아야 할 것이다.

널리 읽혀지고 있는 크리스천 잡지에서 한 신학교 교수가 담대하게 자신의 경험을 나누었다.[21] 그는 자신의 성경 지식을 자랑스럽게 여기며 "성경이면 충분해!"라고 말하는 사람이었다. 그러나 그의 어린 아들에게서 양성 암세포가 발견되고; 치료가 불가능한 것으로 판명되자 "성경이 답을 주지 않다니!"라고 외칠 수밖에 없었다. 자동적으로 도움을 줄 것이라고 생각했던 성경구절들이 아무런 도움이 되지 않았다. 하나님을 느끼지 못할 때, 성경구절들은 어떤 위로도 주지 못했다. 다음은 그가 직접 설명한 것이다.

"지옥에 빠진 뜨거운 여름 같았습니다. 나는 내 믿음을 시험하기 시작했고 하나님과 가까이 있으려는 갈망이 내 안에 있었습니다. 그러나 성경을 주해하고 해석하는 것으로는 하나님을 발견할 수 없다는 사실을 깨달았습니다.

하나님의 인격과 만나지 못하고 살아 와서, 참으로 그분과 만나려고 할 때 어떻게 해야 하는지를 전혀 알 수 없었습니다. 나는 하나님을 갈망했습니다. 하지만 나의 신학적인 배경 속에서 헤어나지 못했습니다. 전통에 갇혀서 내 영은 질식해 가고 있었습니다."**22**

심지어 신학교의 교수조차 매일의 삶에 하나님과의 진정한 관계를 맺기보다는 그저 하나님에 대한 전문가가 될 수 있다. 신학 교과서나 성경에 한정된 하나님이 아니라 그 책에서 얻어지는 정보들에서부터 시작해 실제 우리와 인격적인 관계를 맺기 원하시는 하나님, 사랑하기 원하시는 하나님이 계신다.

바리새인과 같이 정보만을 습득하고 살아가는 사람들에게 주님은 이렇게 말씀하셨다.

"너희가 성경에서 영생을 얻는 줄 생각하고 성경을 상고하거니와 이 성경이 곧 내게 대하여 증거하는 것이로다 그러나 너희가 영생을 얻기 위하여 내게 오기를 원하지 아니하는도다"(요 5:39-40).

신학이 하나님을 친밀하게 만나는 길로 이끌지 않는다면 사탄은 우리가 신학에 정통한다고 해도 별로 개의치 않을 것이다.

하나님의 캐리커처

우리가 하나님을 바라보는 관점을 방해하기 위해 사탄이 쓰고 있는 전략 중에 또 하나는 하나님의 캐리커처(인물의 특징을 과장해 우스꽝스럽게 그린 그림)를 파는 것이다. 길거리에서 캐리커처를 그리는 것을 본 적이 있는가? 언젠가

캐리커처를 그리는 사람이 나의 아들을 그린 적이 있다. 지나치도록 얼굴을 찌그러뜨리고 왜곡하는 바람에 그다지 보기 좋지 않았던 기억이 있다.

캐리커처는 정치인과 같이 대중적인 사람들을 묘사하는 경우가 많다. 캐리커처에서는 어느 한 부분을 과장시킨다. 코를 크게 그린다든지, 귀가 늘어지게 표현한다든지, 이상한 머리 모양을 한다든지, 우스꽝스러운 몸의 형태를 그린다. 캐리커처로 묘사된 사람이 누구인지는 알 수 있지만, 실제와는 꽤 다르게 묘사되는 것이다.

사탄은 하나님의 캐리커처를 될 수 있는 한 우습게 만들려고 한다. 성경에서 하나님은 의로우시다고 말하면, 사탄은 심판만을 강조해 선한 목자, 좋은 아버지, 보호자, 공급자의 모습은 감추려고 한다. 그래서 어떤 사람들은 성경에서 무엇을 읽든지 간에 정죄감을 느끼곤 한다. 그들에게 하나님은 언제나 심판하시고, 모든 상황에서 야단칠 준비를 하고 계신 분이다.

반대로 어떤 사람들은 하나님은 나이 많은 할아버지와 같아서 손자들이 어떤 짓을 저질러도 오냐 오냐 받아들여 주시는 분으로 그려 낸다. 그들의 죄를 보실지라도 그들을 바르게 이끄시기는커녕, 죄를 보시고도 허허 웃으시며 귀

여워하실 것이라고 생각한다. 이 두 가지 극단적인 이미지는 사탄이 만들어낸 것이다.

필터를 통해 보는 하나님

하나님을 바라보는 우리의 시각은 하나 이상의 필터들을 통과하곤 한다. 온전한 이미지를 일그러지게 하는 필터들이다. 카메라는 사물을 있는 그대로 정확하게 사진으로 찍어 내는 기계이다. 그런데 렌즈에 색깔이 들어가거나, 올록볼록한 필터를 갖다 대면, 모든 사물은 색깔이 변하고 오목해지거나 볼록한 모습으로 찍히게 된다. 태양이 빛나는 파란 하늘도 필터 하나만 있으면 흐리고 어두운 하늘로 변할 수 있다.

사탄은 하나님을 보는 우리의 관점이 다른 사람들을 통해서 생겨난다는 사실을 알고 있다. 사탄은 이것을 이용해 우리 마음에 이상한 이미지들을 심어 놓으려고 한다. 그림 7은 이러한 필터가 어떤 작용을 하는지 나타내고 있다.

하나님에 대한 진리를 무시하면 잘못된 정보들로 가득 찰 가능성이 점점 더 커진다. 하나님은 호세아에게 이스라엘 백성에 대해 말씀하셨다.

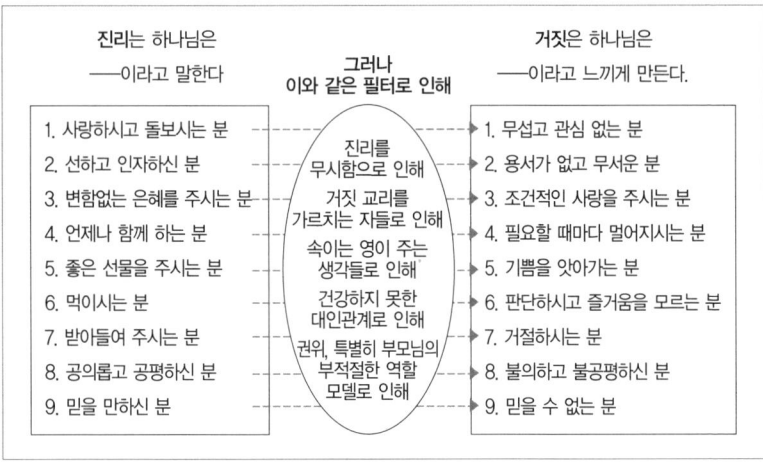

[그림 7] 필터를 통해서 본 하나님

"내 백성이 지식이 없어 망하는도다"(호 4:6).

이것은 우리 시대에도 마찬가지이다. 지식이 없는 것이 결국 우리를 상하게 할 수 있다. 하나님을 명확히 보는 데 있어 하나님을 아는 지식은 결정적이다.

진리를 알지 못할 때, 거짓 교사와 거짓 선지자들에게 교묘히 속을 수 있다. 이교도들은 하나님을 알기 원하는 크리스천들, 복음의 메시지는 알지만 참된 제자가 되지 않은 사람들을 노리고 있다.

7장

내려다보라

우리는 그리스도와 함께
하늘 보좌에 앉아 내려다 보며 살고 있는 것이다(엡 2:6).
보좌에 앉으신 그리스도와 함께 앉는 이 자리는
단순히 우리가 미래에 앉을 것을 말하는 것이 아니다.
'그리스도 안에서 있는' 참된 성도들의 삶에 대한
현재의 위치를 말하는 것이다.

내려다보라고? 그렇다! 우리는 그리스도와 함께 하늘 보좌에 앉아 내려다 보며 살고 있는 것이다(엡 2:6). 보좌에 앉으신 그리스도와 함께 앉는 이 자리는 단순히 우리가 미래에 앉을 것을 말하는 것이 아니다. '그리스도 안에서 있는' 참된 성도들의 삶에 대한 현재의 위치를 말하는 것이다. 불행히도 우리 가운데 너무나 많은 사람들이 '환경의 지배 속에' 겨우 살아가고 있다.

우리는 환경의 지배를 받는 연약한 존재가 아니다. 그저 우리가 환경을 올려다볼 때, 그것의 압박을 느끼는 것이다. 그리스도 안에서 우리는 넉넉히 이기는 존재들이어야 한다. 그리스도 안에서 우리를 발견하는 방법을 찾아 나가도록 하겠다.[23]

하나님의 가족으로 입양되다

성경에 보면 우리와 하나님의 관계를 이해시키기 위하여 다양한 모습으로 설명하고 있다. 토기장이와 진흙, 포도나무와 가지, 목자와 양, 스승과 제자, 왕과 신하, 아버지와 입양된 아들과 같은 것들이다. 사도 바울이 입양이라는 개념을 이렇게 말하고 있다.

"사랑 안에서 그 앞에 거룩하고 흠이 없게 하시려고 그 기쁘신 뜻대로 우리를 예정하사 예수 그리스도로 말미암아 자기의 아들들이 되게 하셨으니"(엡 1:4-5).

입양은 우연히 일어나는 것이 아니다. 입양하려는 부모들은 자녀를 간절히 원하고 꿈꾸면서, 그들의 간절함을 선택이라는 행동으로 나타내는 것이다. 바울은 하나님께서 우리를 그의 자녀로 입양하기로 선택하셨다고 말한다. "그 기쁘신 뜻대로" 선택하셨다.

예수님은 바리새인들에게 "너희는 너희 아비 마귀에게서 났으니"(요 8:44)라고 혼을 내셨다. 입양되었다는 개념에는 우리가 아담의 죄로 인한 저주 아래 태어난 사탄의 가족이라는 것이 내포되어 있다. 여기서 말하는 입양은 인간적인 육신의 가정을 버리고 하나님께 입양되었다는 것이 아니지만, 하나님의 가족으로 입양되는 것은 인간적 가족 관계에도 영향을 끼칠 수 있다. 우리는 더 이상 부모님들이 원하는 삶의 길과 환경의 희생자가 될 필요는 없다. 하나님께서 우리를 모두 그의 가족으로 부르셨기 때문이다. 아버지의 변함없는 사랑과 제한 없는 능력으로 이끄시는 가족이다.

내가 누구인지 아는 사람?

내가(팀) 자라난 교회에서는 하나님께 받아들여지기 위해서라면 완벽한 인생을 살아야 한다고 가르쳤다. 이것은 율법주의적인 시각을 제공했다. 또한 1930년대에 있었던 경제공황을 겪으면서 몰려왔던 재정적인 어려움으로 인해 나의 어린 시절은 열등감으로 휘감겼던 시간이었다. 모든 사람이 나보다 위대해 보였다. 사회적으로나 재정적으로 내가 가장 불쌍한 존재였다. 나는 결코 하나님이 사용하실 만한 사람이 아니라고 여겼다.

지난 장에서 우리는 얼마나 다양한 환경이 하나님의 이미지를 왜곡하는 필터로서 작용하는지 살펴보았다. 그 결과 하나님에 대한 이미지는 일그러져 버렸다. 같은 필터

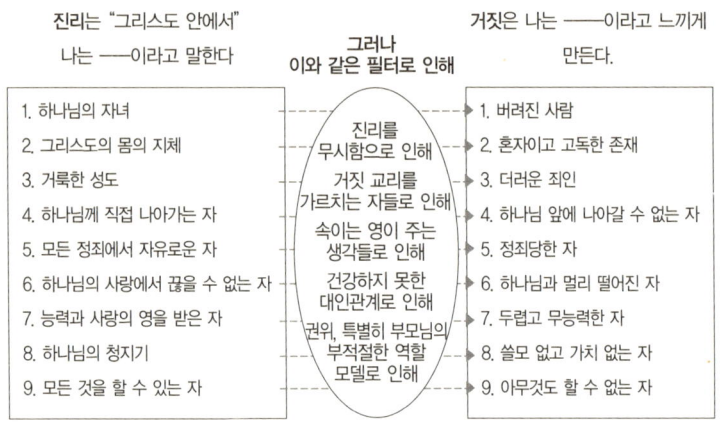

[그림 8] 필터를 통해서 본 자기 자신

가 우리 자신에게도 작동한다는 사실을 그림 8을 통해 보도록 하겠다.

그리스도 안에서 나는 누구인지에 대한 정의는 계속 나열할 수 있다. 그러나 다른 각도에서 살펴보자. 지난 장에서 살펴본 것과 같이 우리는 역할 중심의 사회에서 살고 있다. 사회에서 우리의 위치는 우리가 무슨 일을 하고 무슨 말을 하는가에 달려 있다. 우리는 계속해서 다른 사람들의 위치와 비교하고, 사람들이 나에 대해 어떻게 생각하는지에 대해 고민한다. 그리스도 안에서의 가치에 따라 결정하기보다는, 다른 사람들이 우리에 대해 생각하고 말하는 것에 의해서 우리의 행동이 결정된다. 이것이 현장에서 느끼는 사회적 압박감이다.

우리는 모두 불법과 죄성 가운데 죽게 된 이후(엡 2:1), 하나님을 알 수도 그분의 길을 따를 수도 없는 상태가 되어버렸다. 그래서 우리의 이름을 내고, 세상의 구조에 따르는 가치를 추구하게 되었다. 이렇게 추구하는 가치에는 우리의 외모, 성과, 위치 등이 있다. 자신을 입증하려는 이러한 추구는 적대적인 비판이나 병적인 자기 학대로 결국 무너져버리고 만다.

동시에 우리는 다른 사람들이 인정해 주지 않는 일들을 하곤 한다. 우리가 열심히 애써서 해놓은 것들은 다른 사람들의 비판의 대상이 되어버린다. 모든 것이 죄 때문이라고만은 볼 수 없다. 단순히 실수이거나 참된 성취에 대한 격려와 지지를 얻지 못했기 때문일 수도 있다.

이것에 대해 예를 들어보자. 학교 성적에 C학점을 받은 한 소년이 있었다. 그의 아버지는 소년에게 더 열심히 했다면 B학점을 받았을 것이라고 말했다. 소년이 더 열심히 공부해서 B학점을 받고 아버지에게 갔다. 아버지는 정말로 네가 열심히 했다면 A학점을 받았을 것이라고 말했다.

그 소년은 결국 더욱 공부에 몰두해 A학점을 받아내었다. 이 소년은 이제야말로 아버지의 칭찬을 받을 수 있을 것이라고 생각했다. 그런데 아버지는 "선생님이 너무 문제를 쉽게 내었나 보구나"라고 말하는 것이었다.

청소년들 대상으로 조사해 본 결과 7~10번의 꾸지람을 들으면 그제서야 1번의 칭찬을 받으며 자라나고 있다는 것을 발견할 수 있었다. 한 번의 수치스러운 말을 듣게 되면 여러 번의 칭찬을 들어야만 그 영향력이 제거된다. 수치심을 가져오는 말의 영향력은 사탄과 그의 졸개들로부터 전달된다.

사탄은 "우리 형제들을 참소하던 자"(계 12:10)로 불린다. 그는 할 수 있는 한 우리를 정죄하려고 한다. 마치 우리 어깨 위에 작은 도깨비같이 생긴 것이 앉아서 얼마나 우리가 못났는지 노래하는 것 같다. 우리가 스스로에 대해 부정적인 그림을 가지고 있을 때 길을 잘못 들어서게 된다는 것을 사탄은 명백하게 알고 있다. 우리가 그리스도 안에서 어떤 존재인지를 깨닫지 못한다면, 성령님의 이끄심을 받는 성도의 삶이란 요원하기만 한 것이다.

"인간은 자기 자신을 정확하게 보지 못하면, 바른 길을 볼 수 없다."[24]

존재에 대해 하나님과 동의하는 삶

하나님께서 우리에 대해 말씀하시는 것으로 우리의 존재를 정의하고 사랑하는 것에 대해 계속 살펴보았다. 이제 이 장을 시작할 때 잠깐 논의했던 입양의 개념에 대해 다시 돌아가 보자.

내가 두 아이를 입양해서 그런지, 입양이란 말은 나에게 깊은 의미가 있다. 나와 아내는 둘 다 첫 번째 배우자가 먼저 세상을 떠났다. 하나님께서 우리 두 사람을 만나도록 이끌어 주셨을 때, 아내는 두 아이와 함께 살고 있었다. 나는 법정에 서서 내 눈을 바라보며 질문하는 판사에게 답변해야 했다. "당신이 이 두 아이를 입양하기로 한다면, 앞으로 당신이 낳게 될 아이와 차별하지 않겠습니까?"라는 질문이었다.

나는 재빨리 "판사님, 물론 그렇게 하겠습니다!"라고 대답했다. 우리는 결혼 이후 두 명의 아이를 낳게 되었고, 현재 네 명의 아이를 키우고 있다. 아이들 속에서 나는 어떤 차이도 느끼지 못한다. 그들 모두 나의 참 아들들이다. 만약 독자들이 내 의지를 읽을 수만 있다면, 이 진리를 깨달을 수 있을 것이다. 나는 네 명의 후사를 얻었다.

로마서 8장 16-17절에 사도 바울이 말하고 있다.

"성령이 친히 우리 영으로 더불어 우리가 하나님의 자녀인 것을 증거하시나니 자녀이면 또한 후사 곧 하나님의 후사요 그리스도와 함께 한 후사니."

이 말씀을 이해하는가? 만약 그렇다면 당신이 나보다 낫다. 율법주의와 완벽주의에 갇혀서, 열등감이 가득하던 나는 하나님 나라의 왕자로 나를 인식하는 것이 무엇보다도 어려웠다. "왕자와 공주라고요?"라고 당신은 되물을지도 모르겠다. 왕의 후사가 누구인가? 이 진리를 믿는다고 해서 교만한 것이 아니다. 이것을 믿지 않는다면 결국 패하게 될 것이다. 왜 사탄이 이것을 믿지 못하게 하는지 그 이유를 알고 있는가? 만약 이 사실을 믿는다면, 당신은 하나님 나라의 왕족으로 살기 시작할 것이기 때문이다. 자신을 비하하면서 머리를 땅 속에 쳐 박고 있을 때는 결코 불가능하던 일들을 통해 하나님께 영광을 돌리게 될 것이다.

'나쁜 죄인'에서 '은혜로 구원받은 죄인' 정도로 변화된 것이 아니다. 우리의 죄가 용서받고 '구속' 받았다는 것은 복음의 반쪽일 뿐이다. 다른 반쪽은 하나님께서 우리를 "함께 일으키사 그리스도 예수 안에서 함께 하늘에 앉히시니"(엡 2:6)라는 사실을 받아들이는 것이다. 이것이 우리가 이미 받은 은혜의 선물이다. 판사가 죄인을 사면해 주고, 자신의 가족으로 입양해 상속자가 되게 한 것이다.

힘들게 애쓰고 그만 포기해 버리는 믿음에 대한 주제로 다시 돌아가서 보면, 문제는 우리가 자신을 인식하고 있는 믿음과 너무나 다른 존재라는 사실이다.[25] 이 문제에 대해 사도 바울은 이렇게 말하고 있다.

"저희가 자기로서 자기를 헤아리고 자기로서 자기를 비교하니 지혜가 없도다"(고후 10:12).

우리는 새로운 근원에서 출발한 정체성을 가지고 살아야 한다. 우리가 잘하든지 못하든지 상관없이, 우리를 위해 하나님께서 이루어 놓으신 그리스도 안에서의 삶이 새로운 근원이다. 그 안에서 우리는 갈등하기보다는 안식하게 된다. 하나님께서 이미 이뤄놓으신 승리가 그 안에 있기 때문이다.

좋은 예가 중국 내륙선교회China Inland Mission를 시작한 허드슨 테일러의 일대기 가운데 있다. 젊은 시절의 허드슨 테일러는 중국 내륙으로 들어가는 비전을 보았다. 1850년대 당시에는 아무도 중국 내륙으로 들어가려고 하지 않았다. 그는 이 선교를 준비하면서 훈련된 삶의 방식을 선택했고, 매우 엄격한 규제 아래 생활했다. 고정적인 재정의 후원도 거절하고 하나님의 공급에만 의지하기로 했다. 그는 놀라운 청년이었다.

테일러는 계획대로 중국에 도착했다. 그는 중국 전통 의상을 입었고, 머리를 길러서 땋아 내렸다. 복음을 전하기 원하는 대상들을 조금이라도 이해하려는 노력이었다. 그렇게 살아본 후 그는 새로운 사명을 발견했다. 100명의 선교사들과 그들을 후원할 수 있는 자금을 주님께 구하기 시작했고 주님은 응답하셨다! 허드슨 테일러가 선교현장을 방문하면 너무나 영적이면서도 잘 훈련된 리더들 사이에 긴장감이 감돌았다고 한다.

그런데 중반기의 테일러의 삶에서 이런 고백을 발견하게 된다.

"내 생각에 믿음 없음이란 죄악이고, 나는 여전히 거기에 빠져 있다."[26]

위대한 선교사 허드슨 테일러가 믿음이 없어서 정죄감을 느낀다는 것이 말이 되는가? 어떻게 그럴 수 있는가? 그의 믿음의 기준이 너무 높아서 평범한 사람들은 그 기준에 도달할 수도 없다는 것이다. 과연 그는 무엇을 말하고 있는 것인가?

우리의 주제에 관해 그는 "나는 내가 하나님을 감동시

키기 위해 애를 쓰는 쳇바퀴의 삶을 살고 있다는 것을 발견하게 되었다. 하나님께서 나를 위해 행하신 모든 것을 누리는 삶을 주셨는데, 나는 그것을 받아들이고 믿지 못하고 있었다"고 말했다. 테일러가 이 사실을 깨닫게 된 후, 그는 이 찬양을 가장 좋아하게 되었다.

> 주님의 큰 기쁨 안에서 나는 평안히 쉬네
> 그 안에서 주님의 크신 사랑을 발견하네
> 주님 날 바라보시며 아름다움으로 내 영혼을 채우네
> 완전하신 주님의 능력이 날 온전케 하네.[27]

허드슨 테일러가 이 고백을 한 이후로 그의 사역에서 넘치는 축복을 발견할 수 있다. 더 이상 어떤 긴장과 부담감에 의한 진전이 아니었다. 그가 어떤 사역을 성취해 내는 것 중심의 행진이 아닌 그리스도와의 관계의 은혜를 붙잡을 때, 그의 행동은 변화되었다. 사람들은—선교사들까지도—그들이 믿고 있다고 말하는 대로 사는 것이 아니라, 참으로 믿고 있는 대로 사는 것이다. 바울은 로마서 5장에서 흥미로운 이야기를 하고 있다.

그러므로 우리는 믿음으로 의롭게 하여 주심을 받았으니, 우리 주 예수 그리스도로 말미암아 하나님과 더불어 평화를 누립니다. 우리는 또한 그리스도로 말미암아 지금 서 있는 이 은혜의 자리에 참여할 소망을 품고 자랑을 합니다. 그뿐만 아니라 우리는 환난 가운데서도 자랑을 합니다. 우리가 환난은 인내를 낳고, 인내는 품격을 낳고 품격은 희망을 낳는 줄을 알고 있기 때문입니다. 이 희망은 우리를 실망시키지 않습니다. 그것은, 하나님께서 우리에게 주신 성령으로 하나님의 사랑을 우리 마음속에 부어 주셨기 때문입니다(롬 5:1-5 표준새번역).

무슨 일이 일어난다 할지라도 머리를 들라는 것이 교만하게 들리는가? 우리의 노력으로 사는 삶의 쳇바퀴에서는 그러할 것이다. 그러나 은혜의 삶에서는 그렇지 않다. 그리스도 안에서 하나님께서 우리에게 행하신 모든 일에 근거해 소망을 가질 수 있다. 하나님의 가족이 되었다고 하는 은혜의 선물을 받은 결과이다. 그리고 믿지 않는 것은 겸손이 아니다. 사탄이 그것을 왜곡해서 속일지 모르지만 그것은 불신앙이다.

대부분의 사람들이 고민하는 열등감의 문제는 자기 중

심적 사고에서 벗어나지 못했기 때문에 발생한다. 겸손함은 절대 자기 중심적이지 않고, 하나님 중심이다. 하나님 안에서 오는 확신이다.[28] 열등감은 진정한 겸손을 방해하려는 사탄의 작전에서 온다.

하지만 우리가 인식해야 할 것이 있다. '시험과 문제'를 통과해야 '강하고 견고한' 믿음과 소망의 길로 나아갈 수 있다는 것이다. 대부분의 사람들은 이 과정을 피하려고 한다. 그러나 선하고 좋은 아버지라면, 자녀들이 강하게 자라나기를 원하는 것이 당연한 것이다. 우리는 삶의 어려움을 다뤄 내면서 자신이 환경에 속했는지, 아니면 환경을 이겼는지 발견해 낼 수 있다.

그림 9는 그리스도 안에서 신자들의 위치를 볼 수 있다. 우리 자신과 환경을 어떤 위치에서 바라보아야 하는지 알려 주고 있다. 사물들은 위에서 바라보면 다르게 보인다. 우리의 기도가 하늘을 향해 힘겹게 항해해 가는 것이 아니다. 기도는 우리를 사랑하시는 아버지에게 드려지게 된다. 그리스도와 함께 상속자의 자리에서 증거하는 것이다. 하나님 나라의 왕자와 공주의 자리에 앉는 것이다.

사탄을 대적하는 것도 이 관점에서 보면 새롭게 보인다. 만약 스스로를 희생자라고 생각한다면 저 아래쪽에 서

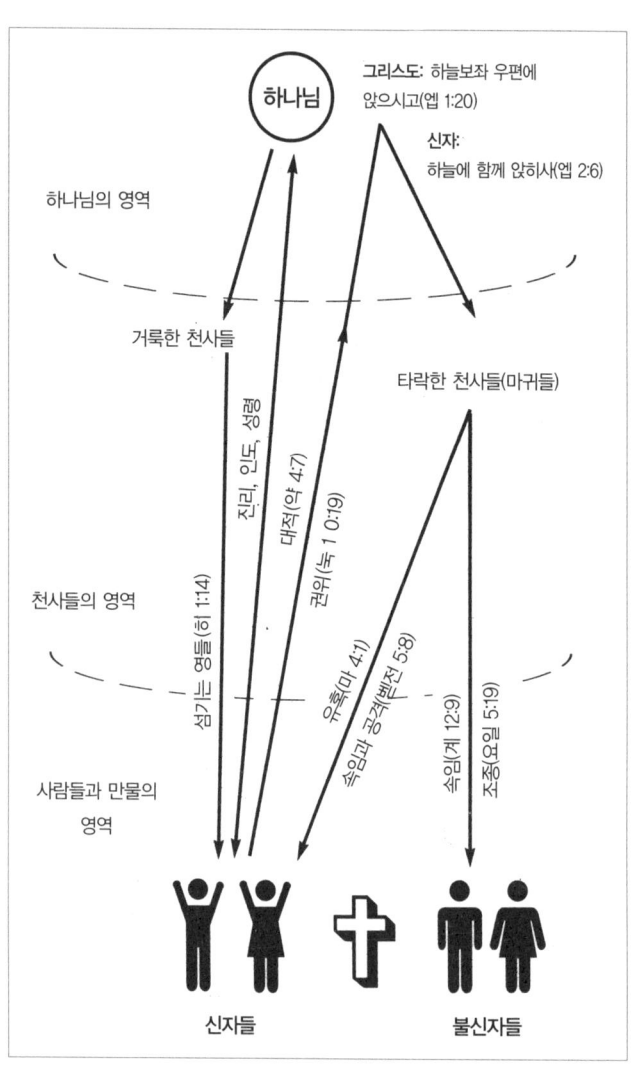

[그림 9] 영적 전쟁의 관계들

있는 것이며, 저 위에 있는 사탄의 무리들과의 싸움이 힘겹게 느껴질 것이다. 그러나 하늘 보좌가 닿을 듯한 자리에 서있다면, 당신은 굳건한 믿음으로 저 아래 내려다보이는 사탄을 내어쫓을 수 있을 것이다(벧전 5:9).

내려다보라

이제 왜 내려다보라고 하는지 이해하는가? 어디에서 보고 있는가에 달려 있다. '그리스도 안에 있는 것'이 많은 시각을 바꾸어 준다. 기도, 말씀묵상, 전도, 사탄을 대적하는 것과 같은 일들에서 변화가 있을 것이다. 고난에 대한 시각도 변화된다. 누구보다 많은 고난을 통과해 낸 사도 바울은 이렇게 말한다.

"생각건대 현재의 고난은 장차 우리에게 나타날 영광과 족히 비교할 수 없도다"(롬 8:18).

예수님과 함께 상속자가 된다는 것은 다가올 영광이 있다는 의미이다. 사탄이 원했지만 결코 가질 수 없는 영광이다. 하나님의 자녀가 된 우리에게 주어질 것이다. 우리는 '그리스도 안에 있는' 우리의 위치를 깨달을 수 있도록 도와주시는 주님의 음성을 들어야 한다.

8장

우물쭈물하는 병사들의 훈련소

그러므로 하나님의 전신갑주를 취하라 이는 악한 날에
너희가 능히 대적하고 모든 일을 행한 후에 서기 위함이라
그런즉 서서 진리로 너희 허리 띠를 띠고
의의 흉배를 붙이고 평안의 복음의 예비한 것으로
신을 신고(엡 6:13-15).

병사들이 군대에 들어가면, 해군이건 공군이건 상관없이 가장 먼저 가는 곳이 신병훈련소이다. 훈련소는 전쟁에 대비해 육체적으로나 정신적으로 무장하는 장소이다. 훈련에 참여하는 대부분의 훈련병들은 진짜 전쟁이 일어나지 않기를 소망하고, 무기의 사용법을 배우면서도 그 무기를 실제로 쓸 일이 없기를 바란다. 그러나 '완전무장'이야말로 이 훈련의 목적이다. 잘 훈련되고 준비된 군대는 엉성하고 덜 단련된 군대를 제압하는 것이 당연하다.

영적 전쟁에 있어서도 이 원리는 동일하게 적용된다. 우리가 맞서는 대적은 아주 오랫동안 전쟁을 해왔던 상대임에 틀림없다. 해야 할 것과 하지 말아야 할 것을 경험을 통해서 배워 온 전쟁 전문가들이다.[29] 군인으로서 훈련소에 들어가지 않고 전투에 나서는 것은 어리석은 짓이다. 하지만 그 사실을 알면서도 그렇게 하고 있는 이들이 많이 있다.

영적인 방탄조끼

영적 전쟁을 언급할 때 가장 먼저 떠오르는 말씀은 에베소서 6장이다.

> 종말로 너희가 주 안에서와 그 힘의 능력으로 강건하여지고 마귀의 궤계를 능히 대적하기 위하여 하나님의 전신갑주를 입으라 우리의 씨름은 혈과 육에 대한 것이 아니요 정사와 권세와 이 어두움의 세상 주관자들과 하늘에 있는 악의 영들에게 대함이라 그러므로 하나님의 전신갑주를 취하라 이는 악한 날에 너희가 능히 대적하고 모든 일을 행한 후에 서기 위함이라(엡 6:10-13).

에베소 교회에 보내는 이 편지에서 바울은 영적 전쟁에 대하여 많은 것을 말하고 있다.[30] 그는 에베소서 6장에 와서 드디어 우리의 대적의 본색을 알려 주고 있으며, 대적을 성공적으로 맞서는 방법을 말해 주고 있다. 맨 먼저 알아야 할 것은, 바로 전투의 시작은 우리의 대적이 사탄과 그의 타락한 천사들이라는 정체를 아는 것과 우리가 이미 전쟁터에 있다는 사실을 인식하는 것이다. 우리는 종종 사람들끼리 다투는데, 바울은 명백하게 이것이 사탄과의 전투라는 것을 밝혀 주고 있다.

사도 바울의 시대에 살던 사람들은 21세기에 살고 있는 사람들보다 영적인 영역에 대해 정확하게 알고 있었던 것 같다. 우리 시대의 사람들이 깨닫든지 깨닫지 못하든지 전쟁의 영적 실체는 오늘날에도 여전히 존재한다.

다음으로 알아야 할 것은 우리가 입어야 할 유니폼이 있다는 사실이다. 신병훈련소에서 가장 먼저 하는 것은 유니폼을 맞게 입는 것이다. 전투 현장에 적합하게 디자인되고, 그 견고함이 입증된 옷을 입어야 한다.

신약의 저자들 사이에서 영적으로 옷을 입는 것의 비유는 크리스천의 삶에 대해 말씀할 때마다 자주 사용되던 방식이다(롬 13:14, 갈 3:27, 엡 4:24, 골 3:10-14 등). 그런데 사도 바울은 영적 전쟁에서 그 비유를 사용하고 있다. 그는 에베소 교회에 이렇게 말하고 있다.

그러므로 하나님의 전신갑주를 취하라 이는 악한 날에 너희가 능히 대적하고 모든 일을 행한 후에 서기 위함이라 그런즉 서서 진리로 너희 허리 띠를 띠고 의의 흉배를 붙이고 평안의 복음의 예비한 것으로 신을 신고(엡 6:13-15).

로마 군인들의 복장에 대해 자세히 설명하는 이 묘사는 현대의 크리스천들이 문자로 이해하는 것보다 훨씬 더 많은 의미가 있다. 사람들은 방탄조끼, 진압 경찰이 쓰는 헬멧과 방패, 탄약을 담을 수 있는 허리띠, 부츠 등을 떠올릴 것이다. 그러나 이 모든 단어들을 모아서 하나의 기본적인 진리로 설명해 내는 말씀이 있다. 이 전신갑주를 요약한 최고의 말씀은 로마서 13장 14절이라고 여겨진다.

"오직 주 예수 그리스도로 옷 입으라."

예를 들면, 진리의 허리띠는 명백하게 예수 그리스도를 말한다. 그분은 살아 있는 하나님의 말씀이시고, 진리의 현현이시다. 진리의 허리띠를 매는 것은 위에 있는 합법적인 권위를 따르는 우리의 헌신을 말한다. 권위를 따르는 것을 배우지 못한 군인은 군대를 어지럽히게 되고, 결국엔 처벌받고 만다.

하나님의 군대에 너무나 많은 군인들이 "그렇게 하라

고 말해 준 사람이 아무도 없었지 않나요"라고 변명하는 태도로 일관한다. 성경은 권위에 대항하는 것이 어떤 것인지 매우 강력하게 말하고 있다(삼상 15:23, 롬 13:1-5, 벧전 2:13-14).

좋은 군사는 권위의 질서를 따른다. 자신을 위해서이기도 하지만 동료들을 위해서이기도 하다. 예수 그리스도는 주인이시고, 그분의 진리는 우리가 그의 명령을 따라 행진할 때 세워진다. 진리가 없으면 대적을 만나서 어떤 싸움도 이길 수 없다. 진리의 허리띠에는 승리를 위한 무기들, 탄약들, 물, 음식, 전투에 필요한 용품들이 매달려 있다.

방탄조끼와 흉배는 '고소하는 자'인 사탄의 공격을 방어하기 위한 것이다. 사탄이 정당하게 우리 죄를 고소해도, 우리는 하나님의 생각에 동의해 하나님의 용서하심을 받아들이면 되는 것이다(요일 1:9). 그의 고소가 정당하지 않더라도, 십자가 앞으로 나아가서 "그리스도 안에는 결코 정죄함이 없다는 것"(롬 8:1)을 선포하면 되는 것이다. 그리스도로 옷 입는 것이 승리의 비밀이다.

헬멧은 좀더 쉽게 이해할 수 있다. 우리는 오토바이를 타거나, 스케이트, 하키, 미식축구를 할 때 헬멧을 쓴다.

공사현장에서도 단단한 헬멧을 착용해야 한다. 군인과 경찰들도 마찬가지이다. 머리를 보호하는 것이 얼마나 중요한지 더 말할 필요가 없을 것이다. 머리를 컴퓨터로 비유해 보자. 머릿속에 있는 컴퓨터가 망가지면 그 문제는 심각하다. 머리만 중요한 것이 아니라 그 속에 무엇이 들어 있는지도 중요하다. 우리 머릿속에 있는 컴퓨터는 참으로 놀라운 기능을 담당한다. 우리가 참으로 모든 생각을 사로잡아 그리스도 앞에 복종시킨다면(고후 10:5), 우리 삶에 찾아오는 실제적인 대적의 공격에서부터 안전할 수 있을 것이다.

기동성은 군대의 전략 가운데 중요한 열쇠가 된다. 군인들은 튼튼한 군화가 필요하다. 사도 바울은 "평안의 복음의 예비한 것이 필요하다"고 말하고 있다. 이 부분에 대해 많은 것을 말할 수 있겠지만, 가장 중요한 것은 총사령관의 명령이라면 어디든지, 언제든지 따르는 것이다.

두려움이 우리를 조종하게 해서는 안 된다. 우리는 오직 우리의 리더인 총사령관의 말씀에 따라야 한다. 따르려는 의지만 있어서는 안 된다. 따라갈 준비를 해야 한다. 기초적인 훈련을 통해 질서를 따라 행군할 준비가 되어 있어야 하는 것이다.

군대는 자원봉사자들의 단체가 아니다. 하나님은 이 전쟁에 자원봉사자들을 부르시지 않는다. 원하든지 원하지 않든지 우리 모두는 소집되었다. 하나님은 지금도 자신의 삶의 모든 영역에 대한 자신의 의지를 내려놓을 준비가 된 사람들을 찾고 계신다. 대적에게 빼앗긴 영토를 되찾아 오는 데 필요한 사람들을 찾고 계신다. 주 예수 그리스도로 "옷 입는다"는 것은 그리스도를 주인이라고 고백하는 것의 또 다른 표현이다.[31]

"하지만 이것은 평화의 복음이라고 하셨지 않습니까?"라고 묻고 싶을 것이다. "어떻게 전쟁터에 평화의 신을 신습니까?"라는 질문이 생길 수 있다. 우리의 영적 전쟁은 평화를 빼앗아간 존재와의 싸움이다. 이것은 평화가 깨어진 영혼들에게 평화를 가져다 주게 될 메시지이다. 문제는 대적이 자신의 영토를 빼앗기지 않으려고 기를 쓴다는 것이다. 그래서 대적을 만날 때마다 우리는 십자가에서 승리하신 그리스도의 능력으로 무장되어 있어야 하는 것이다. 우리는 그들의 전술을 깨닫고, '완전 무장'을 갖추고 있어야 한다. 우리를 사랑하시는 이로 인해 넉넉히 이긴다는 확신을 갖고 서 있어야 하는 것이다(롬 8:37). 대적이 공격하는 속임수는 우리 삶에 작은 틈을 만드는 데서 시작된다. 에베소서에서 사도 바울은 이렇게 쓰고 있다.

"분을 내어도 죄를 짓지 말며 해가 지도록 분을 품지 말고 마귀로 틈을 타지 못하게 하라"(엡 4:26-27).

클린턴 아놀드는 이렇게 말한다.

> 사탄이 이용해 먹으려는 영적 능력을 다루지 못하고, 사탄의 조종 아래 억압받고 사는 것은 죄 된 삶입니다. 그래서 크리스천들은 저항할 줄 알아야 할 필요가 있습니다."**32**

육체의 죄들, 이교적인 행동들, 용서하지 않음, 거짓말 등을 통해서 틈이 생기기 시작한다. 틈이라는 것은 채 알아차리기도 전에 금세 견고한 진이 되어버린다. 적의 기지에 침입할 때 교두보를 세우려고 하는 것과 마찬가지이다. 견고한 진이란 우리 삶에 사탄이 영향력을 행사하도록 내어주는 거짓된 구조이다. 사탄은 단 한 번의 거짓말, 또는 첫 번째의 죄로 인해 생긴 틈을 통해서 사람을 조종할 수 있다고 아놀드는 말한다. 이것은 "사탄에게 사로잡혀서" 평범한 삶을 살 수 없다는 뜻은 아니다. 사탄이 틈을 내기 시작하면 개인의 삶의 많은 영역에 영향력을 행사하기 시작한다는 뜻이다. 그렇다면 견고한 진이란 과연 무엇인가?

야고보서 4장 7절의 전략

견고한 진에 대해 다루고 있는 말씀으로는 야고보서 4장 7절이 있다. 야고보서 4장의 맥락은 세상과 육체, 대적를 맞서서 살아가는 크리스천의 갈등에 관한 것이다. "그런즉 너희는 하나님께 순복할지어다 마귀를 대적하라 그리하면 너희를 피하리라"라고 야고보는 말하고 있다. 영적인 견고한 진을 다루는 데 있어서 두 가지 중요한 영역이 있다. '순복'과 '대적'이다. 하나님께 순복하고 마귀를 대적하는 것이다.

이 두 가지는 어떤 연관성이 있는가? 첫 번째 단계는 하나님께 순복하는 것이다. 먼저, 우리 삶에 어떤 죄나 이교적인 활동과 연관이 있었다면 고백하라. 다음은 그것들을 회개하고, 용서를 받아들이라. 당신을 잘못 이끌었던 사람들을 용서하라. 믿고 있었던 거짓된 것들을 부인하고 진리를 붙잡으라. 삶의 영역 속에서 하나님의 진리를 따르기로 헌신하라.[33]

고백하는 것은 단순히 하나님께서 죄라고 부르시는 어떤 것을 죄라고 동의하는 것이다. "예, 주님. 그것은 죄입니다"라고 말하는 것이다. 만약 하나님에 대해 천박한 생각을 가진 사람이라면, 우리는 죄에 대해서도 천박한 생각을 갖게 된다. 영적 전쟁에 대해 이야기를 시작할 때, 사탄은 하나님에 대한 생각을 왜곡하기 위해 사력을 다한다고 설명했다. 위의 내용은 우리를 다시 그 자리로 돌아가게 한다.

우리의 죄를 고백하는 것은 두 가지 방향의 전환이라고 볼 수 있는데, 첫 번째는 우리 죄를 버리는 것이다. 버린다는 것은 왜 그것이 죄이고, 하나님께서 저주하시는 것인지 인식하는 것을 의미한다. 그리고 우리는 단번에 모든 것을 해결하신 분께로 돌이키는 것이다.

사도 바울이 디도에게 말하기를 "모든 사람에게 구원을 주시는 하나님의 은혜가 나타나 우리를 양육하시되 경건치 않은 것과 이 세상 정욕을 다 버리고 근신함과 의로움과 경건함으로 이 세상에 살라"(딛 2:11-12, 고후 4:1-2를 보라)고 했다.

아주 오래 전에 솔로몬은 우리에게 이렇게 권면했다. "자기의 죄를 숨기는 자는 형통치 못하나 죄를 자복하고 버리는 자는 불쌍히 여김을 받으리라"(잠 28:13). 우리는 너무나 쉽게 죄를 짓고, 버리고, 짓고, 버리고, 짓고, 버리는 것을 반복한다. 우리가 죄를 짓고 나면, 그 다음은 고백하고, 버리고, 대적해야 한다.

또한 우리는 용서를 받아들일 필요가 있다. 우리는 요한일서 1장 9절이 참으로 진리라는 것을 믿어야 한다.

"만일 우리가 우리 죄를 자백하면 저는 미쁘시고 의로우사 우리 죄를 사하시며 모든 불의에서 우리를 깨끗케 하실 것이요."

용서를 구할 필요까지도 없다고 여기기도 한다. 차라리 이렇게 말하라.

"주님, 죄를 지었습니다. 주님이 십자가에서 죄의 대가를 모두 지불해 주셨습니다. 믿음으로 저를 위해 행하신 주님의 죽으심을 받아들입니다. 감사합니다."

야고보서 4장 7절의 다음 단계는 사탄을 대적하는 것이다. 어떻게 그렇게 할 수 있는가? 어떤 사람들은 하나님께 순복하는 것이 곧 사탄을 대적하는 것이라고 가르친다. 구약에서 우리에게 보여 주시는 그림들은 그런 가르침과는 좀 다르다.

이스라엘은 직접 적들을 마주하고 싸워야 했다. 결과는 그들의 능력이 아니라 하나님이 결정하시는 것이었지만, 그들은 직접 싸웠다. 만약 그들은 텐트 안에 모여 있고 하나님께서 직접 싸우셨다면 모두 기뻐했을 것이다. 그러나 그런 경우는 거의 없다. 신약에 등장하는 영적 전쟁의 메시지 또한 많이 다르지 않다.

하나님께서 우리의 싸움을 위해 모든 것을 하시는 것처럼 보이는 것도 사실이다. 놀라운 경험이다. 그러나 교회의 역사 속에서 살펴본다면, 하나님께서는 우리가 실제적으로 또 적극적으로 이 전쟁에 참여하도록 허락하신다는 것을 발견하게 된다. 만약 하나님께서 모두 싸워 주신다면, 우리가 전신갑주를 입을 필요가 전혀 없지 않은가.

전투를 위한 훈련

우리는 마귀를 대적할 때 '그리스도 안에 있다'는 우리의 위치를 반드시 기억해야 한다. '육체 가운데' 있는 사람이 어떤 전술을 쓴다 해도 마귀를 쫓아버릴 수는 없는 것이다. 우리는 이미 4장에서 이것에 대해 말했다. 우리가 주님과 친밀한 교제 안에 있을 때, 우리 안에 신성한 권위가 주어져 있음을 확신할 수 있게 된다. 우리는 무장한 상태에서 확신을 가지고 전쟁에서 밀어붙일 수 있게 되는 것이다.

첫 번째 무기는 하나님의 말씀이다. 진리야말로 사탄의 속임수를 수포로 돌리는 효과가 있다. 어두움을 물리치는 것은 바로 빛이다.

"그 중에 이 세상 신이 믿지 아니하는 자들의 마음을 혼미케 하여 그리스도의 영광의 복음의 광채가 비취지 못하게 함이니 그리스도는 하나님의 형상이니라"(고후 4:4).

바로 그것이 "성령의 검 곧 말씀"(엡 6:17)이다. 이 말씀은 특별히 우리가 확신하고 믿음으로 선포할 때 능력으로 나타난다. 요한은 계시록 12장을 통해 사탄의 공격 아래 있는 성도들이 "자기들의 증거하는 말"로 인하여 이기었다고 말하고 있다. 성경말씀은 아무나 주문을 외우는 것처럼 사용한다고 해서 능력이 나타나는 것이 아니다. '그리스도 안에' 있는 자의 선포로써 말씀이 사용될 때 대적을 물리치는 강력한 무기가 되는 것이다.

이것은 하나님의 자녀들의 입에서 나오는 찬양과 긴밀한 관계가 있다. 찬양은 증거의 한 형태이다. 하나님에 대한 진리를 견고히 하고, 예수님의 승리하심을 선포하는 것이 찬양이다. 사탄은 찬양을 경멸한다. 하나님의 백성들의 찬송 가운데 임하신다(시 22:3). 찬양은 하나님의 임재를 초청한다. 사탄은 어떤 수를 써서라도 이것을 막으려 한다(시 148:14). 시편기자들은 나팔을 불며 찬양한다. 나팔소리에 만군의 주이신 하나님의 군대가 모여든다(시 148:14). 또 다른 시편기자들은 "내가 전심으로 주께 감사하며 신들 앞에서 주께 찬송하리이다"(시 138:1)라고 노래한다. 이러한 그림들은 찬양을 통해 대적이 물러나는 것을 보고 있는 것이다.

기도는 또 다른 강력한 무기이다. 에베소서 6장에서 사도 바울은 전신갑주를 입고서 칼을 차고, 그리고 나서 기도하라고 말하고 있다. 우리는 그가 "이제는 싸우라"고 말할 것이라 기대하지만, 그는 "기도하라"고 말한다. 기도는 단순한 무기가 아니라 싸움 그 자체인 것이다. 기도의 영역 가운데 '하늘에 있는 악한 영들과 세상 주관자들과의 싸움'의 영역이 있는 것이다.

S. D. 골든은 "기도는 숨어 있는 적들을 향해 초강력 펀치를 날리는 것이다. 예배는 그 펀치를 날린 승리의 결과로 모여드는 것이다"[34]라고 말한다. 그래서 종종 기도가 어렵게 느껴지는 것이다. 사탄은 우리를 기도하지 못하게 만들 수만 있다면 강펀치로 인한 KO패를 당하지는 않을 것이라는 사실을 알고 있다. 기도만 시작하면 졸리고, 집중되지 않고 잡생각이 든다는 것으로 괴로워하는 사람들에게 나는 "전쟁터에 오신 것을 환영합니다!"라고 말한다. 격렬한 전쟁터일수록 기도하기로 결단해야 한다.

사탄을 대적하는 또 다른 무기는 그리스도의 피이다.

계시록 12장 11절에서 용의 공격을 받는 사람들에 대해 이렇게 말한다.

"또 우리 형제들이 어린 양의 피와 자기들이 증언하는 말씀으로써 그를 이겼으니 그들은 죽기까지 자기들의 생명을 아끼지 아니하였도다."

"피"라는 단어나 "피 아래 있다"라는 표현을 쓸 때 주의해야 한다. 우리가 이 단어를 쓴다고 해서 하나님께서 마술을 부려 주시는 것이 아니다. 말씀은 명백하게 그 피로 우리가 구속되었다고 말한다(엡 1:7). 의롭게 되었으며(롬 5:9), 깨끗케 되었고(요일 1:7), 거룩해졌다(히 13:12). 그 피로 인해 거룩한 성소에 들어갈 수 있게 되었다(히 10:19-22).

믿음으로 그 축복을 기꺼이 받는다면, 우리는 사탄의 정죄와 공격을 대적할 수 있는 위치에 서있는 것이다. 그러나 그것보다 더한 것은 그 피를 통해 우리가 하나님의 몸의 한 부분으로 이 땅에 세워져 가고 있다는 사실이다. 그리스도께서 지옥의 권세가 넘보지 못할 교회라고 말씀하신 바로 그 교회이다(마 16:18).

성공적인 영적 전쟁을 위해 또 다른 무기들이 있지만,[35] 가장 강력한 무기는 예수 그리스도의 이름이다. 이것은 그 단어 자체에 주술적 능력이 있는 것이 아니다. 어떤 사람의 '이름'을 사용하기 위해서는 우리는 그 사람과 어떤 관계가 있어야만 한다. 그리고 그 이름을 대신해 사용하는 허락을 받아야 한다. 예를 들면, '대통령 ○○○의 이름으로' 내가 뭔가를 할 수는 없다. 나는 그를 대신해 이름을 사용하는 권한을 받지 않았기 때문이다. 내가 설사 그렇게 한다고 해도 아무도 믿어 주거나 주목하지 않을 것이다. 사탄을 대적할 때 '예수님의 이름'을 사용하는 것도 마찬가지이다. 그들은 그 단어에 주목하는 것이 아니다. 사도행전에 보면 스게와의 일곱 아들들이 이것을 배우는 장면이 나온다(행 19:13-16).

우리는 예수님으로부터 땅끝까지 가서 열방을 제자 삼으라는 명령을 받았다. 그 사명을 이루는 데 필요한 모든 권세를 위임받았다. 그러나 어디든지 마음대로 가서 그의 이름으로 권세를 사용하라는 말은 아니다. 하나님이 보내시는 곳으로 하나님이 보내시는 때에 갈 때, 사탄을 대적할 권세가 발휘된다는 의미이다. 이것은 개인적인 삶의 현장, 각자의 집에서 시작된다.

크리스천 부모들은 그들의 집과 가정을 보호하고 깨끗이 할 권세를 가지고 있다.[36] 크리스천들은 또한 사탄이 차지하고 있던 영토를 빼앗아 교회를 세울 권세를 가지고 있다. 우리가 가는 곳마다 사탄을 찾아내 쫓을 필요는 없다. 만약 우리가 그렇게 할 수 있다면 교회를 세우는 것은 좀더 쉬워질 수 있겠지만 기도를 통해서 가장 강력한 대적의 권세를 멸할 수 있고 우리는 승리를 거둘 수 있다.

기본으로 돌아가라

실전을 경험해 본 적이 있는 군사들도 훈련소로 들어가서 기초적인 훈련을 받는다. 영적 군사들도 또한 기본으로 돌아가야 하는 필요가 있다. 그들이 자라나는 동안에는 많은 가르침들을 받는다. 우리는 늘 새로워지는 것이 필요하다.

이 전쟁에서 좀더 안전한 후방 부대라는 것은 없다. 우리의 영적인 대적은 물리적인 거리를 인지할 필요가 없는 존재이다. 이것이 바로 언제든지 영적인 전투를 할 태세가 준비되어야 한다고 말하는 이유이다.

사탄을 무시하는 것이 안전하다고 생각하는 것에 동의할 수는 없다. 그것이 언제이든지, 우리의 삶 속에서 내버려 둔 연약한 부분들을 통해서 대적은 언젠가는 유익을 취할 것이다.

사탄은 여전히 훔치고, 죽이고, 파괴하기 위해 온다(요 10:10). 그러나 우리가 합당한 군복을 입고 무기를 다루는 기술을 연마한다면 우리는 이기는 자가 될 것이다.

다음 내용은 한 목회자의 아내가 나Neil에게 보낸 편지이다.

어떻게 감사하면 좋을까요? 주님께서는 제 삶에 더 이상 아무런 소망도 발견할 수 없는 절망의 끝에서 죄책감과 우울증, 패배감 속에 서 있을 때 당신Neil의 메시지를 듣도록 허락하셨습니다. 교회 안에서 자라났고 목사의 아내로 25년을 살아왔지만 나의 속사람이 어떤 옷을 입고 있는지는 아무도 몰랐습니다. 저는 제 안에 믿음의 구조가 세워져 있지 않다는 것을 알고 있었습니다. 떨어지거나 깨지지 않으려고 안간힘을 써서 매달려 있을 뿐이었습니다. 초라한 결심이 그저 저를 지탱해 주었습니다.

지난 목요일, 말씀을 들은 후 사무실을 나왔을 때 너무나 맑게 갠 하늘과 산꼭대기의 만년설이 빛나고 있었습니다. 제 눈을 가리고 있던 덮개가 벗겨진 느낌이었습니다. 저의 차 안에서는 "내 평생에 가는 길"이라는 찬양이 울려 퍼지고 있었습니다. 노래의 가사들이 실제가 되어 제 마음속으로 녹아 들어오는 것 같았습니다. 평생 처음으로 "내 영혼 평안해"라는 고백을 진심으로 했습니다. 다음날 사무실에 가자, 사람들은 저에게 어제 무슨 일이 있었느냐고 물을 정도였습니다.

저는 이전에 부르던 노래를 부르고 이전에 알던 말씀을 보는데, 마치 처음 보는 것 같습니다. 말로 할 수 없는 기쁨과 평안이 찾아옵니다. 실망스러운 환경은 그대로인데 말입니다.

벌써 속이는 사탄은 저의 생각 속에 뿌리내리려고 찾아옵니다. 이것도 곧 끝나버릴 것이라고 속삭입니다. 그러나 이전과는 다른 사실을 저는 이제 알고 있습니다. 사탄이 거짓말쟁이고 그의 말은 진실이 아니라는 것입니다. 그리스도 안에 거하는 것이 얼마나 자유한지!

9장

전쟁을 대비하라

영적 전쟁의 첫 걸음은
전투의 영적 실체를 인식하고,
총사령관이 정확한 사명을 분부하실 때를 대비해
기초적인 훈련에 몰입하는 것이다.

군대의 총사령관들은 실제 전투가 벌어지지 않는 동안 군사들을 어떻게 훈련해야 하는지에 대한 고민이 크다. 실제로 군사들이 전투 상황에 투입되면 그들의 몸과 마음의 건강한 상태를 유지하는 것이 너무나 중요하다는 사실은 모두 알고 있다. 하지만, 평화로운 시절에는 군인으로서의 본분을 잊어버리기 너무 쉽다.

 군대의 전쟁과 영적 전쟁을 비교해 볼 때, 영적 전쟁에서 알아야 할 중요한 사실은 우리가 깨닫든지 깨닫지 못하든지 항상 전쟁 가운데 있다는 사실이다. 또 한 가지, 영적 전쟁에서는 보이지 않는 적과 싸워야 한다는 것이다. 우리의 싸움은 보이는 혈과 육이 아닌 사탄의 영역에 있는 악한 영들과의 싸움이다. 사탄이 사람들을 이용해 갈등을 유발시키지만 진정한 전투는 영적인 싸움이다.

이것은 결국 우리가 언제나 전투에 대비할 태세를 갖춰야 한다는 것을 말해 주고 있다. 적의 공격으로부터 떨어진 안전지대 같은 곳은 없다. 오직 단 한 곳, '그리스도 안에' 거하는 것만이 안전하다. 우리는 이 전쟁의 무력한 희생양이 아니다. 그러나 우리는 언제나 경계를 늦추지 않아야 한다. 왜냐하면 대적이 언제 어디에서 속임수를 던지기 시작할지 알 수 없기 때문이다.

바로 여기가 영적 전쟁의 시작점이다. 전쟁을 대비하면서, 더 깊은 차원의 전쟁에 대해서는 다루지 않고 영적인 것에 대해 주로 논의를 전개했던 이유가 바로 이것이다. 많은 크리스천들이 저지르는 두 가지 실수가 있다. 하나는 영적인 것을 무시해서 뒤로 물러나 버리거나, 또는 준비되지 않은 상태로 전투에 뛰어드는 것이다. 영적 전쟁의 첫 걸음은 전투의 영적 실체를 인식하고, 총사령관이 정확한 사명을 분부하실 때를 대비해 기초적인 훈련에 몰입하는 것이다.

영적 전쟁은 두 가지 방향에서 접근할 수 있다. 공격의 방향과 수비의 방향이다. 성경은 영적 전쟁에 대해 이 두 가지 방향을 모두 이야기하고 있다. 적들의 공격을 막아

내고 우리 자신을 보호하는 수비적인 방향과(엡 6:10-18, 벧전 5:8-9), "주의 나라가 임하옵소서(마 6:10)"라는 공격적 방향이 있다. 하나님의 나라가 임한다면, 사탄의 나라는 반드시 무너지게 되어 있다(마 12:26, 골 1:13, 계 9:11, 16:10). 이것은 영적 전쟁과 연관된 말씀이다. 우리는 사탄의 나라가 무너지게 하는 사명에 동참해야 한다.

예수님께서는 제자들을 "세상으로 가라(막 16:15)"고 명령하셨다. 세상은 사탄이 점령하고 있는 곳이다. "어두움에서 빛으로, 사탄의 권세에서 하나님께로 돌아가게(행 26:18)" 하는 사명을 제자들에게 주어 보내셨다. 오늘날에도 여전히 이 지상대명령에서는 우리에게 가서 제자 삼으라고 명령하고 있다(마 28:18-20). 우리는 바다를 건너기도 하고, 거리에 나가서 그 명령을 수행할 수 있다. 우리의 일터와 학교에서 이루어질 수도 있다. 중보기도를 통해서 이뤄지기도 한다. 만물의 근원이 되신 이에게 충성된 청지기들을 통해 이루어진다. 어떤 경우에서든지, 사탄은 이 일을 방해하려고 할 것이다. 사탄은 최선을 다해서 이 일의 열매가 맺히는 것을 막으려고 할 것이다.

그래서 이 전쟁은 '저 먼 땅에서 벌어지고 있는 싸움'이 아니라 우리 주변에서 벌어진다. 어떠한 '사역'이라는 행동과 연관될 때만 전쟁에 들어서는 것이 아니다. 물론 우리가 사역을 할 때는 공격이 더욱 격렬해지겠지만, 사탄은 우리가 기초적인 훈련에 게으를 때 사역에 있어서도 쉽게 약해진다는 사실을 알고 있다. 하나님은 훈련소를 통과해 낸 사람들을 전투에 보내기 원하신다. 전쟁에 대비해 준비를 마친 사람들을 일꾼으로 쓰신다.

우리가 준비되지 않았다면, 아마 전투에 나가길 꺼려할 것이다. 만약 우리 안에 역사하시는 성령님과의 하나된 기쁨이 아닌 의무적인 마음으로 전투에 나가게 된다면, 우리는 전투 현장에서 골칫거리가 될 가능성이 크다. 선교사들이 선교지를 떠나버리는 가장 큰 이유는 선교사들이 화합하지 않는다는 것이다.

이런 일이 발생할 때, 예수님의 영이 아닌 다른 영이 있다는 사실을 인식할 필요가 있다. 두 영의 이끌림을 받는 크리스천들은 대개 서로 용납하지 않는 자신을 발견하지 못한다. 물론 성격의 차이가 있을 수 있지만, 이것 또한 하나님의 훈련 계획의 한 부분일 수 있다. 우리는 서로가 필요하다.

우리의 사역 안에서 그런 분쟁이 일어날 때, 그것이 꼭 어떤 사람이 성격에 문제가 있어서 그런 것만은 아니다.

성령의 온전한 이끄심을 받지 않고 있다는 것이 명백할 뿐이다. 그러한 결과를 보며 사탄은 미소 지을 것이다.

대적의 속임수에서 벗어나기 시작하고 진리가 각 사람들 안에 세워지기 시작하자, "우리는 상호간의 갈등을 보았고 팀 내에 있었던 갈등은 해소되었습니다"라는 보고를 받게 되었다. 그들이 주님과의 관계에 근거해 화해와 나눔을 실천하기 시작하자, 사역 팀은 변화의 증거를 보게 되었고, 그들은 사역의 모임과 열매들을 발견하게 되었다.

교회를 향한 사탄의 계획은 분열시키고, 실망시키고, 파괴하는 것이다. 사탄의 전략이 얼마나 많은 승리를 거두었는지 역사가 증명해 준다. 우리는 사탄의 전술을 무시해 왔고, 또는 싸울 준비가 되지 않았던 것이다(고후 2:11). 사실 사탄은 무시당하는 것을 선호한다. 그렇게 되면 몰래 속이고 돌아다니기 쉬워지기 때문이다. 하나님께서 의도하신 대로 교회가 '위엄 있는 군대와 같이' 행진하지 않도록 속일 수 있게 되는 것이다.

이제, 자신의 경험을 통해서 다른 이들을 격려하기 원하는 한 형제의 간증을 소개하려고 한다.

1993년, 저의 문제를 해결하기 위해 당신이 가르쳐 준 원리들을 적용해 보았습니다. 저는 저의 문제들이 영적 공격이라는 것을 깨닫게 되었습니다. 그리고 어떻게 바로 서야 하는지 생각해 보게 되었습니다.

당시 저는 집사였고 침례교회에서 말씀을 전하고 있었습니다. 저의 목사님은 우울증과 다른 몇 가지 문제들로 인해서 고통스러워하고 있었고, 1992년에 자살을 했습니다. 이 일로 우리 교회는 문자 그대로 사탄에게 굴복해 버렸습니다.

교회는 저를 임시 목사로 선택했고, 동네 서점에서 저는 닐 앤더슨의 〈당신의 교회를 자유케 하라〉Setting Your Church Free라는 책을 발견하게 되었습니다. 그 책을 구입해서 읽고, 저는 우리 교회를 짓누르던 영적인 압박감에 대한 해답을 얻게 되었습니다. 단 한 가지의 문제였던 것입니다. 전에 있던 목사님은 당신의 메시지를 읽거나 들어본 적이 없었습니다.

아주 천천히 사람들은 그 메시지를 받아들였습니다. 참으로 '교회가 자유케 되어가기' 시작했고 리더들은 기뻐했습니다. 6주가 지나서, '자유케 되는 7가지 단계'로 성도들을 이끌어갈 수 있었습니다. 제가 다 이해할 수 없었지만, 성도들은 영적인 묶임에서 자유케 되기 시작했고, 문제들이 해결되었습니다. 말로 표현할 수 없는 일들이 일어났습니다. 책으로 써도 될 만큼 많은 이야기입니다.

예전에 복음을 전하던 중년의 한 형제는 다시 그리스도 안에서 자유케 되어 자신을 발견하고 사역으로 돌아왔습니다. 전의 목사님의 두 딸들도 아버지를 용서하고 자유케 되었습니다. 두 딸 중에 하나는 자살을 하려고 생각하던 중이었지만 이제는 변화되었습니다.

이제 새로운 교회가 되었습니다. 하나님은 지금 여기서 자유를 주시는 분이십니다!

우리는 원하든지 원치 않든지 전쟁 중에 있다. 문제는 우리가 어떻게 싸울 것이냐 하는 것이다. 우리의 대장은 우리에게 최고의 전신갑주와 무기들을 제공해 주셨다. 우리가 사용하기만 하면 승리는 우리의 것이다. 신병 훈련소를 통과해 훈련받지 않았다면, 이 책의 부록으로 제공되는 책들을 읽어보기를 바란다. 좋은 시작이 될 것이다. 〈그리스도 안에서 자유를 얻는 단계〉The Steps to Freedom in Christ는 당신의 삶에 필요한 키를 제공해 줄 것이다. 이 전쟁에서 당신을 무기력하게 만들려는 대적을 만족시키지 않기를 바란다.

| 주 |

1. Rivers of Revival (Ventura, Calif.: Regal, 1997)
2. Prayer Summits (Portland, Ore.: Multnomah, 1992)
3. Freedom from Fear (Neil Anderson and Rich miller, Eugene, Ore.:Harvest House, 1999)
4. Victory over the darkness, Neil Anderson(Ventura, Calif.; Regal, 1990)
5. NIV에서는 〈죄로 가득한 존재〉sinful nature로 번역되어 논란의 여지가 있었으나 필자는 육체로 번역하는 것에 동의한다.
6. Neil Anderson and Robert Saucy, The Common Made Holy(Eugene, Ore.; Harvest House, 1997)
7. Arndt and Gingrich, A Greek-English Lexicon of the New Testament
8. Eugene Nida의 표현이다. 어느 인류학 연구에서 들은 표현인데 안타깝게도 어느 책인지 찾아 내지 못했다.
9. Clinton Arnold, Three Crucial Questions About Spiritual Warfare(Grand Rapids, Mich.:Baker, 1997)
10. James Sire, The Universe Next Door(Downers Grove,

Ill.:Intervarsity, 1976)
11. 필터로서의 세계관 보기, Charles Kraft, Christianity with Power(Ann Arbor, Mich.:Servant, 1989)
12. Joel Belz, Believing Everything, World, April 25, 1998
13. See Clinton Arnold's two books, Power of Darkness and Ephesians: Power and Magic
14. John W. Montgomery, Principalities and Powers(Minneapolis; Dimension, 1975)
15. Gregory Boyd, God at War(Downers Grove, Ill.: InterVarsity, 1997)
16. 만물이란 동물과 식물 같은 것을 말하기도 하지만, 여기서는 인간 사회를 구성하는 다양한 요소들을 말하는 것이 적절하다.
17. Neil Anderson, the Bondage Breaker(Eugene, Ore.: Harvest House, 1990)
18. Neil Anderson and Pete and Sue Vander Hook, Spiritual Protection for Your Children(Ventura, Calif.: Regal, 1996)
19. Neil Anderson and Steve Russo, The Seduction of Our Children(Eugene, Ore.: Harvest House, 1991)
20. 성령님만을 너무 강조하다가 말씀의 진리를 놓치는 경우도 물론 있다. 말씀에서 명령하신 것을 순종하는 것은 우리 안에 꼭 붙잡아야 하는 균형이다.
21. Daniel W. Wallace "Who's afraid is the Holy Spirit?", Christianity Today, Sep.12, 1994
22. Wallace
23. Anderson, Victory of the Darkness

24. Anderson, Victory of the Darkness
25. Jeff VanVonderen, Tired of Trying to Measure Up(Minn.,Bethany House, 1989)
26. Dr. and Mrs. Taylor, Hudson Taylor and the China Inland Misson; The Growth of a Work of God.
27. Jean S. Pigott, Jesus, I'm Resting, Resting.
28. Anderson, Bondage Breaker
29. C.S. Lewis, 스크류테이프의 편지
30. Clinton Arnold, Ephesians: Power and Magic
31. 마틴 료이드 존스, 그리스도의 영적 군사
32. Clinton Arnold, Powers of Darkness
33. 닐 앤더슨, The Steps to Freedom in Christ.
34. S.D.Gorden, Quiet Talks on Prayer (Grand Rapids, Mich.: Baker, 1980)
35. K. Neill Foster, Warfare Weapons(Camp Hill, Penn.: Christian Publications, 1995)
36. Anderson, Spiritual Protection for Your Children